PRUEBE SU INTELIGENCIA - TEST UNIVERSALES DE CI

VICTOR SEREBRIAKOFF

PRUEBE SU INTELIGENCIA
Test universales de CI

EA
Editorial
Andrómeda

```
153.93   Serebriakoff, Victor
SER      Test universales de inteligencia.
         1ª. ed. - Buenos Aires : Andrómeda, 2003.
         192 p. ; 20x14 cm.

         ISBN 950-722-059-3

         I. Título - 1. Inteligencia - Test de Evaluación
```

Título original *How Inteligent Are You?*
The Universal IQ Test
Robinson Publishing Ltd
ISBN 1-85487-412-8
copyright © Victor Serebriakoff 1968,1998

© 2003 Andrómeda Ediciones
andromedaediciones@fibertel.com.ar
Traducción: Gabriela Vidal
Diseño de interior: Carla Daniela Samonta
Revisión y puesta en página: Bárbara Paramio
Se ha hecho el depósito de Ley 11723

Ninguna parte de esta publicación, incluido el diseño de la cubierta, puede ser reproducida, almacenada o transmitida en alguna manera ni por ningún medio, ya sea electrónico, químico, mecánico, óptico, de grabación o fotocopia, sin previa autorización del editor. Todas las imágenes y textos reproducidos son copyright de sus respectivos autores o compañías y se incluyen con motivos meramente ilustrativos.

ÍNDICE

Palabras del autor 11
Conózcase a usted mismo 13
La historia de los test de inteligencia 19
Velocidad 35
Los test en este libro 39
Test verbales 43
Test verbal de práctica 45
Test verbal A 51
Test verbal B 57
Test numéricos 63
Test numérico de práctica 65
Test numérico A 75
Test numérico B 85
Test espaciales 95
Test espacial de práctica 97
Test espacial A 107
Test espacial B 119
Respuestas 131
La creatividad 151
Test de creatividad (cinco minutos) 157
Dos test de personalidad 159
Factor de personalidad 1 161
Factor de personalidad 2 165
Instrucciones para calificar el test de creatividad 171
Criterios de evaluación para los test de personalidad .. 173
Conclusiones sobre la creatividad 179
Normas 183
Comparaciones odiosas: cómo interpretar su puntaje . 185
Así puede deducir su CI a partir de su puntaje 187
Su creatividad 188
Su nivel de introversión / extroversión 189
Su estabilidad emocional 190

PALABRAS DEL AUTOR

Los test de inteligencia no son infalibles ni perfectos. Aún hoy, miden de manera inexacta el potencial de aquellos desprovistos de cultura general o de quienes pertenecen a culturas diferentes a aquella donde el test ha sido estandarizado; son, sin embargo, mucho menos injustos que cualquier otro método. Siendo solo una simple guía rústica, han demostrado, tras varios experimentos, ser mejores, y más imparciales, que el juicio humano por sí solo. Estos test no solo son más eficaces que el método de conjeturas y más eficientes que el de juicio y error, sino que, además, se trabaja continuamente en ellos para mejorarlos. Fueron inventados como un instrumento de justicia social, una manera de penetrar hasta la capacidad real y central de una persona, sea cual fuere su nivel de educación.

Este libro tiene como propósito entretener al mismo tiempo que instruir. No pretendo proclamar que los test en él incluidos van a decirle *exactamente* quién y qué es usted. Son tan sólo un buen ejemplo del tipo de cosas que le saldrán al encuentro si alguna vez usted se siente seriamente inclinado a conocerse.

Victor Serebriakoff

CONÓZCASE A USTED MISMO

"Conócete a ti mismo", dice el sabio, y este es quizás uno de los más duros consejos. La psicología, disciplina de autoexploración del hombre, es aceptada como una ciencia en el mundo angloparlante, a diferencia del mundo francoparlante, donde aún es clasificada como una rama de la filosofía. Los filósofos de la ciencia coinciden en que para que un determinado tema alcance el status de ciencia, debe lograr trascender la borrosidad y la confusión del pensar filosófico para acceder a la tierra de la solidez, el rigor y los números.

Si existe alguna rama de la psicología que tenga el rigor suficiente como para reclamar el status científico, esta es, sin lugar a dudas, la psicometría, la ciencia dedicada a la medición de la mente.

La ardua tarea de pioneros como Galton, Terman, Burt, Spearman, Binet y Guilford ha sido consolidada y validada a lo largo de medio siglo. Hay algunos pocos estudiosos del tema listos a refutar el valor práctico de las técnicas de medición mental, sin embargo, muchas son las discusiones acerca de la solidez de las bases teóricas que los sustentan.

Las grandes industrias hacen cada día un mayor uso de ellos, los educadores estarían francamente desahuciados sin ellos, los psiquiatras se valen de ellos para la correcta comprensión de sus pacientes, y la fe en ellos y la demanda del público en general está siempre en aumento.

Este es el libro del hombre común y corriente, escrito por un hombre común para hombres comunes. Ha sido pensado para generar interés en el tema, para dar a la gente la oportunidad de entretenerse de manera inofensiva, al tiempo que verifican su inteligencia y personalidad con estos test paralelos e ilustrativos a aquellos científicos.

Los problemas y las preguntas aquí planteadas han sido preparados por un experto en montaje de test de inteligencia. Ellos *no* han sido validados o sometidos a las rigurosas evaluaciones de estadísticas necesarias como si se tratara de un verdadero test con valor científico. Usarlos es como medir su estatura con una regla que solo está marcada en centímetros: es una guía bastante rústica, pero es mejor que nada. Si cuando usted ha terminado de completar estos test, tiene dudas sobre los resultados o desea indagar aún más, entonces, usted puede realizar un test más apropiado y más cuidadosamente supervisado por un psicólogo, quien le brindará una respuesta más acabada.

¿Son estos test inmorales?

Hay quienes no pueden cuadrar sus ideas igualitarias con los test de CI. La simple idea de tratar de evaluar el talento y el carácter humano les resulta execrable, inmoral, ilegal y grosera. Especialmente en el mundo comunista, la medición del talento es ideológicamente intolerable. En nuestras propias tierras, la inocencia y la perfección del hombre intacto es una doctrina casi religiosa. Los marxistas se aúnan a Freud en la concepción de que toda diferencia importante entre seres humanos tiene raíces coyunturales, postnatales. Los derechos de cada hombre son los mismos, por ende, cada hombre debe ser igual.

"Denme un niño recién nacido, y con el tratamiento adecuado, yo lo convertiré en un genio", dicen. Pero especifican un *ser humano* recién nacido: jamás piden un mono, o un perro o una lombriz; entonces quizás ellos sí crean que existe algo congénito en la inteligencia. Aún más, con el fin de aplicar esta doctrina, se han realizado varios intentos de gran seriedad de criar un chimpancé entre niños humanos. Cuando se encontraron con que el animal (luego de un corto período de liderazgo) comenzaba a decaer en el desarrollo mental, tuvieron que concluir que debía existir algún tipo de diferencia hereditaria. Mucho me temo que luego nos digan que se llegó a ese resultado por haber escogido un mono deficiente mental. A mi parecer, tanto los marxistas como los ambientalistas liberales e igualitarios, sufren una confusión entre la herencia de riquezas y la herencia biológica.

En un acto de gran arrojo, debo confesar que sospecho que si la naturaleza, más que la educación, es la responsable de la diferencia entre un hombre y un simio, debe, asimismo, ser parcialmente responsable de la diferencia entre un idiota y un genio, aunque no niego que el verdadero potencial humano no se desarrolla plenamente la gran parte de las veces.

Un punto de vista interesante es que la naturaleza establece el "techo" y la educación decide cuán cerca del "techo" podemos llegar.

Pero, dado el hecho irreductible e innegable de que los seres humanos son diferentes en lo que se refiere a sus logros, ya que no a su potencial, nos vemos frente a la pregunta: ¿Queremos realmente saber? Permítaseme discutirlo.

¿Por qué queremos saber?

En una comunidad agraria primitiva, donde cada uno se afana por la supervivencia con la única ayuda de herramientas simples, la ventaja de ser capaz de resolver problemas sofisticados puede significar poco o nada. Pero no es así como hemos elegido vivir en Europa y en el resto del mundo desarrollado. La subsistencia diaria del inmen-samente complejo e interrelacionado sistema comercial e industrial, del que dependemos para cientos de cosas y servicios que creemos necesitar cada día, depende de poner un gran número de clavijas humanas, redondas y cuadradas, en los agujeros correctos. La subsistencia de nuestra presente civilización depende de encontrar los ocupantes cuyas cualidades sean las más idóneas para un enorme rango de roles altamente específicos. *Transplantes de Corazón Caseros, Hágalo Usted Mismo: Cirugía Cerebral, Cada Hombre, su Propio Manager* y *El Estibador Amateur*, son títulos de libros todos igualmente inapropiados. Nuestra compleja sociedad funciona porque nos las hemos ingeniado para colocar al hombre o a la mujer correcta en el trabajo indicado. El hecho de que podamos llevar a cabo esta tarea tan eficazmente es un signo de que en algún sitio, este o aquel, visible u oculto, alguien está haciendo juicios sobre lo que un hombre puede o no hacer, sobre su carácter y sobre cuán brillante es o deja de ser.

Comenzamos en el colegio. Clasificamos y elegimos (y lo seguiremos haciendo de ahí en más). A pesar de ese flujo parcialmente abandonado, de la preferencia por las clases de habilidades mixtas y del famoso eslogan satírico de Lehrer: "El rango y la posición serán recompensas otorgadas sin ningún tipo de miramientos de razas, credos, clases o habilidades", debemos arreglárnoslas para clasificar y utilizar a la gente de manera inteligente y cómoda, de acuerdo con sus poderes y potencialidades. Es seguro predecir que cualquier intento de abolir la clasificación de las personas según sus habilidades, es una acción destinada al fracaso. Tan pronto como pongamos a tal "discriminación" de patitas en la calle, ella volverá a colarse por la ventana.

En la actualidad "discriminamos" valiéndonos del juicio humano, de exámenes, de diplomas y calificaciones que implican muchos agudizamientos sin sentido e instrucción gratuita. Pero, a medida que estos devienen más y más perfectos, nosotros deberíamos usar test científicos más simples, más fácilmente administrables, rápidos, y eficientes, que sean justos, objetivos, libres de nepotismos, de prejuicios raciales o religiosos, de influencias y acomodos. Estos ahorran tiempo, dinero, injusticias, infelicidades y errores. Estos son, sobre todo, proféticos.

Sin embargo, los test no son infalibles ni perfectos. Aún hoy miden de manera inexacta el potencial de aquellos desprovistos de cultura general o de quienes pertenecen a culturas diferentes a aquella donde el test ha sido estandarizado; son, sin embargo, mucho menos injustos que cualquier otro método. Siendo sólo una simple guía rústica, han demostrado, tras varios experimentos, ser mejores, y más imparciales, que el juicio humano por sí solo. Estos test no solo son más eficaces que el método de conjeturas y más eficientes que el de juicio y error, sino que, además, se trabaja continuamente en ellos para mejorarlos. Fueron inventados como un instrumento de justicia social, una manera de penetrar hasta la capacidad real y central de una persona, sea cual fuere su nivel de educación. Estos fueron solo atacados por algunos *bajo-niveladores* igualitarios.

Existe un gran cuerpo de evidencia experimental que establece su validez general y que los contradice muy poco (a pesar de que mucho es intentado por estos inflexibles desniveladores, de quienes volveré a hablar más adelante).

Este libro tiene como propósito entretener al mismo tiempo que instruir. No pretendo proclamar que los test en él incluidos van a decirle *exactamente* quién y qué es usted. Son tan sólo un buen ejemplo del tipo de cosas que le saldrán al encuentro si alguna vez usted se siente seriamente inclinado a conocerse.

LA HISTORIA DE LOS TEST DE INTELIGENCIA

La inteligencia

La primera de las cualidades humanas que ha sido exitosamente medida fue la más importante, la que divide al hombre del resto del mundo animal y la que se destaca como la especialidad biológica de la humanidad: la inteligencia.

¿Qué es la inteligencia? Uno de los más frecuentes, obvios y torpes ataques contra la inteligencia es el viejo y conocido cuestionamiento: ¿Cómo se define? La misma se basa en la teoría euclidiana de que nada es real a menos que pueda ser definido. Como señaló H. G. Wells, uno puede divertirse muchísimo aboliendo clases y conceptos, pidiéndole a la gente que los defina. Él decía: "Déme usted la definición que usted guste de una silla y yo me encargaré de refutarla con la ayuda de un carpintero."

Un caballo, un clan, una cara, la alegría, el dolor, la inteligencia: no las podemos definir, por ende, no existen. Así dice el argumento.

Pero, ¿a qué nos referimos con inteligencia?

El lexicógrafo Johnson dio a la palabra cuatro significados. El primero es el comercio de la información (comunicación mutua, distante o secreta). El segundo es el comercio de relaciones (los términos en que los hombres viven y se relacionan con los otros). El tercer significado es el espíritu (la mente incorpórea). El cuarto es el que más se aproxima al significado moderno: "comprensión, conocimientos". La idea de cualidad congénita está absolutamente ausente en los usos de Johnson, que remite a poderes adquiridos, exclusivamente.

La definición de Spenser muestra un destello del significado moderno: "Pilas de palabras, desparramadas horriblemente, que intentan ser una alabanza barata de la poesía, y queriendo con eso, mediante la inteligencia, han dañado el rostro del poema."

La frase de Bacon podrá ser leída de ambas formas: "No es solo acorde a la naturaleza que quien gobierne debe ser el más *inteligente*, como Aristóteles lo había considerado, ya que no es menos requerido para el gobierno coraje para proteger y, sobre todo, honestidad."

El profesor Sir Cyril Burt, decano de los psicometristas, inspirador y presidente de MENSA, proclama que el uso moderno de la palabra "inteligencia" deriva de la ciencia de la psicometría y no a la inversa.

En Francia, el pionero del testeo mental, Alfred Binet, utilizó la definición de *habilité*, una palabra muy cercana a "habilidad". Pero Galbon prefirió "inteligencia", y la palabra ha cobrado una nueva utilidad significando la habilidad congénita de resolver problemas. Galton fue el primero en establecer claramente esto por medio de sus estudios genéticos.

El antiguo significado de la palabra, "información", ha hoy prácticamente desaparecido y el sentido que

Galton le ha otorgado es el que se normalmente se propone. En otras palabras, el uso común deriva del nuevo sentido técnico y no del sentido tradicional de la palabra. No existe, entonces, reproche legítimo, ya que "la inteligencia es lo que los test de inteligencia pueden medir". La circularidad de esta definición es realmente de una fragilidad casi graciosa.

La definición de inteligencia en el sentido operacional es relativamente simple. Es demostrable que la habilidad de los seres humanos de realizar tareas específicas varía de individuo en individuo. Es igualmente obvio que algunas personas son buenas para algunas cosas mientras que otras lo son para otras cosas. Lo que no es tan comúnmente sabido, pero igualmente real, es que existe una relación, o mejor dicho, una correlación (o relación calculable) entre los conocimientos y las habilidades. Quiere decir que estas están "injustamente" o desproporcionadamente distribuidas. No hay, entonces, ninguna ley de compensación, como se supone popularmente, que asegure que aquellos que son mejores para ciertas cosas, sean peores para otras o viceversa. Al contrario, la tendencia es que aquellos que son buenos en alguna cosa lo sean para varias, mientras que aquellos que son malos para una lo sean para otras. Así, tenemos, *en promedio*, un rango que va desde el genio versátil que no solo puede resolver problemas sino que puede pintar y dibujar, pensar y escribir y hasta incluso saltar mejor que muchos, hasta el subnormal mental quien está por debajo del promedio para la mayoría de las cosas.

¡Alto! Ya sé lo que mi querido lector ha comenzado a decir ahora. ¡Espere! Me estoy refiriendo a generalizaciones estadísticas y no a leyes invariables. En las ciencias humanas nos vemos obligados a tratar con *tendencias*, y no con relaciones invariables. Es patético como, de otra forma, gente bien educada siente que ha derrotado cualquier afirmación sobre una tendencia estadística por el simple hecho de proveer un ejemplo contrario. "Usted dice que los niños que son buenos en la comprensión oral tienden a ser buenos en las aritméticas, pero yo puedo demostrarle que está usted completamente equivocado; mi Pedrito es siempre el primero en inglés, pero es completamente inútil en aritmética." ¡Ahí tiene! Inútil señalar que un caso especialmente escogido no constituye una muestra estadística de gran relevancia.

Dejemos en claro que este libro vive en el mundo real de indeterminaciones y adopta la simple estrategia biológica del "mejor acierto", dejando el irreal y determinista mundo de relaciones a los filósofos, lógicos, y matemáticos, quienes lo han inventado y aún lo sostienen contra toda evidencia.

De ahí que mi definición operacional sea tan simple como: "La inteligencia es un factor que varía entre los individuos y que está asociado al nivel general de habilidad desplegado en la realización de diferentes tareas."

En este sentido, la inteligencia es medible con una exactitud razonable, y es un importante índice de la habilidad o versatilidad general del sujeto. No se trata simplemente de una medición de sus conocimientos en los test de inteligencia, es un cálculo de algo definitivo y fundamental en usted, que afecta y moldea el resto de su ser. La inteligencia no es una virtud. A partir del momento en que se sabe que es congénita, no es algo de lo que se pueda estar orgulloso. Pero no es tampoco una falta o algo de lo que uno deba sentirse avergonzado.

Una nueva definición de la inteligencia

A riesgo de generar aún mayor confusión, me gustaría agregar otra definición de inteligencia a las otras generales que ya fueron expuestas. Personalmente prefiero la simple definición operacional, pero añado la siguiente definición para complacer a los semánticos y lexicógrafos aún obsesionados con la idea de que los conceptos humanos pueden ser atrapados y contenidos dentro de los confines precisos de las definiciones verbales.

La inteligencia es un fenómeno biológico. Es evidente en cualquier forma o sistema viviente, incluso en los más primitivos. El universo está en constante dispersión, se resquebraja, se mueve de estados de mayor a menor orden por el ubicuo incremento de la entropía; pero contiene un importante número de entidades homeostáticas que actúan, como oponiéndose a la tendencia universal de moverse del orden al desorden, yendo de estados de menor a mayor probabilidad. En esta clase de entidades existe la tendencia a construir el orden, a retener la estabilidad y a resistir los cambios de forma, a preservar dicha probabilidad lo más baja posible e incluso a intentar disminuirla. Hablo de la clase consistente en seres vivos.

Con el objeto de resistir la acción de estas fuerzas de cambio del universo, estas entidades se ven forzadas a detectar dichas fuerzas y a contrarrestarlas. Ya que las acciones de contraataque generalmente implican tiempo, las entidades mencionadas deben ser capaces, asimismo, de predecir estas amenazantes fuerzas de cambio, y para ello se valen de sus órganos sensoriales para recibir información sobre el universo externo. Luego deben almacenarla (de manera codificada) y traducirla en una apropiada producción de instrucciones para el resto de sus partes, órganos y músculos, de forma tal que estos puedan resistir la tendencia universal de modificarlos más allá de un punto irreversible. Si este cambio alcanza a sobrepasar el nivel de tolerancia de dicha entidad, entonces se produce el abrumador cambio llamado muerte (o descomposición).

Por tanto, yo defino la inteligencia como la capacidad de una entidad (ser o artefacto viviente) de detectar, codificar, almacenar, clasificar y procesar las señales generadas por el universo y traducirlas en un conjunto de instrucciones óptimas. El término "óptimo" puede generar algunas dificultades porque es aquí cuando entra en juego el "valor". Lo definiré como aquello que resulta el mejor método diseñado para, a largo plazo, asegurar la preservación de la forma de la entidad en cuestión a través del tiempo. Incluiría, asimismo, los cambios evolutivos de dicha forma, por ejemplo, aquellos que tienden a, incluso, mejorar el dispositivo de conservación de dicha forma homeostática. Es posible que mi definición genere más dificultades de las que resuelve, pero al menos está ahí en caso de que sí tenga algún valor.

Si aceptamos lo antes propuesto, entonces, la medición de la inteligencia estaría asociada a una serie de parámetros del proceso antes descripto. La gran inteligencia estará vinculada a un alto grado de almacenamiento de información, a una gran exactitud de codificación, de accesibilidad a la información, de predicción a largo plazo, a la exactitud de las probabilidades estimadas y a la habilidad de desarrollar soluciones emergentes y de comportamiento original frente a los problemas que se planteen. Retomaré estos pensamientos más adelante, en la parte del libro dedicada a la creatividad.

Evaluando habilidades generales y especiales

El descubrimiento de las habilidades correlativas fue crucial; condujo a la noción de que debe existir algún factor general que subraye las diferencias individuales y contribuya al éxito de cada persona en una serie determinada de tareas. Así Spearman da cuenta de ambos, tanto las variaciones individuales de conocimiento como la tendencia de las habilidades a "apiñarse" en determinadas personas. Su "teoría" es realmente un simple marco conceptual, que puede sernos útil para pensar en la habilidad humana más claramente. Cada persona puede ser valuada por factores "G" (habilidad general) o "E" (habilidad especial). En cualquier conocimiento particular, su puntuación "G" constituye una parte de su puntaje total, mientras que la "E" constituye el resto.

Si usted tiene una "G" alta y una "E" alta en su puntaje de, digamos, música, usted será probablemente mejor músico que si usted tuviera una puntuación "E" alta con una "G" baja.

La única manera de obtener una "G" es mediante la utilización de un número de test diferentes, cada uno siendo un test parcial de "G". Es por ello que se trabaja con baterías de distintos test. Cada uno de ellos tiene un nivel de saturación o de "carga" de "G" distinto, y el test de habilidad verbal es el que más alto nivel de saturación "G" posee. Muchos test reflejan este resultado.

Un test de inteligencia bien diseñado no debe, por supuesto, evaluar el trasfondo educativo del sujeto. Incluso en los test verbales, los ítems son seleccionados con especial cuidado de evitar aquellos que pueden ser conocidos solamente por sujetos de gran educación. Es la habilidad de la persona para descubrir la sombra de significación de palabras relativamente comunes lo que se evalúa, y no el conocimiento de palabras esotéricas como "esotérico".

¿Son los test de inteligencia CI confiables?

Aunque resulte extraño, la idea de medir la confiabilidad de algo surgió por primera vez a raíz de la consideración de las dificultades planteadas por los test de inteligencia. ¿Hasta qué punto los resultados de los test se repiten entre sí? Existen test que evalúan las variaciones de un test y uno de los métodos para diferenciar un buen test de uno malo, es chequeándolo. Una desviación promedio de 5 ó 6 puntos no es inusual, y cuanto más alejada del promedio sea la puntuación, mayor será la variación.

La regresión a la media

Un fenómeno poco comprendido es la regresión a la media. Aquellos con resultados promedio tienen igual chance, si son vueltos a testear, de obtener un puntaje mayor o menor, pero aquellos que obtuvieron un muy alto resultado tienden a obtener uno más bajo en la reevaluación, así como quienes obtuvieron uno muy bajo son susceptibles de alcanzar uno más alto. No hay gran misterio en esto. De manera tal que los test resulten prácticos en su administración, ellos deben ser fáciles de calificar. Deben tener un número limitado de respuestas de entre las cuales el sujeto debe elegir. Las preguntas son de final cerrado. Al ser dispuestos de esta manera, pueden ser corregidos por cualquier empleado o computadora. Si las preguntas fueran de final abierto, por ejemplo cuando hay varias posibles respuestas válidas y no todas están listadas, solo un especialista altamente entrenado podría decidir si son correctas o no, e incluso para él sería un requisito ser más inteligente que aquellos a quienes evalúa. Ahora, al utilizar test de respuestas cerradas con un número limitado de respuestas, es posible, incluso para un mono bien entrenado, obtener un resultado aceptable respondiendo al azar. Si hay cinco posibles respuestas, él obtendrá, en promedio, una correcta sobre cinco. De ahí que el resultado de cada test sea, por un lado, cuestión de suerte y, por el otro, de inteligencia. Se idean intentando que la proporción de suerte sea baja, pero de todas formas, existe. La probabilidad de obtener un resultado muy alto es muy baja, pero si evaluamos a mucha gente, como normalmente ocurre, entonces alguien puede resultar beneficiado. Así, en un grupo de alta calificación, habrá quienes hayan tenido ambos, suerte y conocimientos; y cuanto más alto sea el resultado obtenido, mayor es la probabilidad de que la suerte haya intervenido a su favor.

De igual manera, cuanto más bajo sea el puntaje, mayor es la probabilidad de que la mala suerte haya contribuido. En la reevaluación, la frecuencia de repetición de la mala o buena suerte es (en términos generales) baja. De ahí la tendencia al promedio que se observa en los puntajes.

La contaminación cultural

¿Hasta qué punto los test de inteligencia son equitativos con todo el mundo? Medir la inteligencia es un proceso de inferencias. No sabemos de ningún método que corrobore los corredores de comunicación en el cerebro y que pueda evaluar su poder general de procesar información y de convertirla en acciones. Debemos basar nuestras conclusiones en el comportamiento y tratar al cerebro como una "caja negra" cuyas propiedades podemos solamente conocer por medio de la inferencia.

La cuestión se complica aún más si consideramos que cada individuo atraviesa diferentes experiencias desde el momento de su nacimiento, y como el cerebro es el dispositivo conocido más eficiente para sentir y ser condicionado por las influencias externas, podemos concluir en que lo que este sea en un determinado momento está íntimamente relacionado con lo que ha debido atravesar hasta dicho momento.

Para acceder a las cualidades congénitas (las genéticas) debemos penetrar tres capas. Del comportamiento externo podemos inferir la eficiencia mental interna, determinada por la combinación de las cualidades inherentes con las experiencias externas circundantes. De esta segunda capa –la eficacia mental– podemos deducir la tercera y más profunda capa: la capacidad inherente o congénita. El profesor Raymond Cattell distingue claramente entre lo que él llama inteligencia "fluida" e inteligencia "cristalizada". Corresponde la primera a la capacidad congénita, la potencialidad, el techo que no podemos trascender. La inteligencia "cristalizada" se corresponde con la habilidad calculable de resolver problemas, la capacidad de manejar información y de producir el comportamiento adecuado, o de marcar con una crucecita las respuestas correctas en un test CI.

Muchos psicólogos creen que los test de inteligencia son solo válidos dentro de una cultura dada. Donde quiera que exista un grupo de niños criados en una misma lengua, con el mismo trasfondo común de ideas, libros y experiencias, existe suficiente similaridad en su trasfondo coyuntural como para que el test pueda ser ideado y utilizado para clasificar a dichos niños en diferentes clases de acuerdo a su potencial genético. Pero, incluso los mejores test, se dice, han sido contaminados por la cultura: si evaluamos a un grupo de gente criada en un determinado entorno cultural, digamos, los niños negros sureños de América, con test trazados y estandarizados en otro transfondo cultural –los niños americanos en general– obtendremos, seguramente, una lectura muy pobre del primer grupo. De todas las críticas que se le hacen a los test de inteligencia, esta resulta la más sólida y válida.

Como consecuencia, los test de inteligencia no pueden ser empleados para estimar la inteligencia relativa de diferentes grupos étnicos o sociales. Es fácil estandarizar un test para cada grupo en particular y encontrar el promedio y la divergencia estándar de cada grupo. Muy distinto es relacionar los diferentes promedios y divergencias. Existen muchas disputas dentro del mundo de la psicometría sobre si es necesario y, en todo caso, cómo debe superarse este problema.

Algunos psicometristas, como Cattell, han producido algunos test "aculturales" que se consideran igualmente justos para todo tipo de culturas, y hay notables evidencias de que pueda realmente ser así. Otros psicometristas sostienen que estos test aculturales otorgan supremacía a un cierto tipo de inteligencia, ignorando otros aspectos igualmente importantes. Una de las dificultades más complejas es la que se presenta con la habilidad verbal. Ya he mencionado que muchos especialistas consideran que esta tiene la mayor carga de "G", es decir, la más alta asociación con el factor de habilidad general que ellos intentan medir. Desafortunadamente, es justamente esta habilidad la que no puede ser medida con los test aculturales, ya que los ítems de cualquier lengua deben favorecer al lenguaje del grupo elegido. (Puede sugerirse que los ítems lingüísticos pueden fácilmente ser traducidos, pero la sutileza de las diferencias semánticas entre distintas lenguas es tal, que una traducción demasiado literal puede resultar del todo inapropiada.)

La distribución de la inteligencia

Como muchas otras cualidades humanas, la inteligencia está "normalmente" distribuida. Esto significa que si dividiéramos a la gente en clases de "inteligencia", de acuerdo a cuán brillantes son, habría un gran número de resultados cercanos al promedio. Esto se evidencia en una curva campana o de Gausio, tal como la que se emplea para graficar la altura, el peso o cualquier otra cualidad humana variable.

La curva de Gausio fue trazada a partir de una teoría de errores. Es el tipo de curva producida al examinar las fluctuaciones en las mediciones de entidades afectadas por un gran número de variables casuales. Es el tipo de curva que se esperaría obtener con la explicación polígena de la inteligencia hereditaria. En pocas palabras, es el tipo de curva que se produciría si la inteligencia dependiera de una serie de genes y no solo de uno.

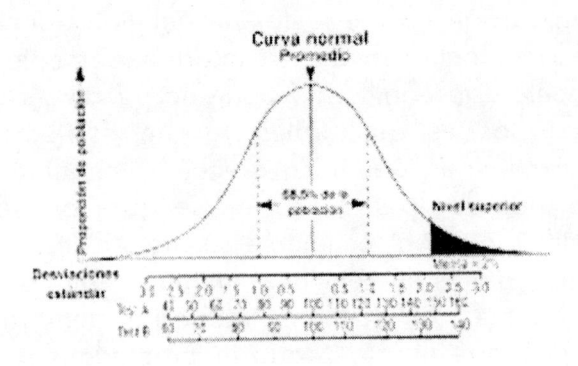

Mucho se ha desprendido de esta distribución normal; quizás demasiado, ya que un análisis cuidadoso del trabajo teórico que conduce a los test de inteligencia muestra que los experimentadores originales comenzaron sus investigaciones haciendo de la tesis de distribución normal una obviedad asumida, y considerándola como el examen que comprueba la validez de sus resultados. El hecho de que terminaran obteniendo como resultado lo mismo que habían puesto al comienzo, no es sorprendente. Todo lo contrario, es una asunción bastante segura y que debe ser considerada como una buena regla de trabajo más que como una conclusión experimental. Sería una excelente oportunidad para decir "asumamos que la distribución normal existe hasta que tengamos pruebas de lo contrario". Algunas muestras de lo contrario ya son visibles en el extremo más bajo de la escala, como era de esperar. Cuando la entidad en cuestión es de una terrible complejidad, como en el caso de los seres humanos, existen más elementos capaces de tornarlo más imperfecto que de mejorarlo. Hay evidencia de que existen dos importantes incrementos en la cola descendiente de la curva. Uno puede representar el daño de nacimiento; el otro causante no se conoce aún. El hecho de que este no emerja de la información provista por los test de inteligencia se debe a que los necios, los idiotas y los retardados mentales tienden a no someterse a nuestras muestras originales.

Si llevamos la curva gausiana hasta su conclusión lógica, sería de esperar que la inteligencia se extienda infinitamente en dirección creciente. Asimismo, con dos desviaciones estándar obtenemos un 2%, con tres, uno en mil, y así *ad infinitum*. Sin embargo, considero poco probable que la curva se mantenga estable por muchas más desviaciones.

El techo

Una serie de experimentos con ratas han indicado que pareciera existir un techo biológico para el desarrollo de la inteligencia. Dos grupos de ratas fueron criadas separadamente, poniéndose especial atención en sus habilidades de aprendizaje para recorrer laberintos; aquellas cuyo aprendizaje era mayor, fueron criadas juntas, del mismo modo se procedió con aquellas de menor capacidad. En un número relativo de generaciones, las dos poblaciones se revelaron tan diferentes entre sí, que el individuo más lento del grupo de mejor aprendizaje, aprendía más rápido que el más avanzado del grupo de menor aprendizaje. A pesar de esto, próximas selecciones de las ratas más brillantes entre las más inteligentes no produjeron ningún tipo de avance, evidenciando que en un stock dado de ratas existía un límite natural que imposibilitaba mayores desarrollos. Mi teoría es que existe un techo similar para la inteligencia humana. La analogía es un juego de azar. Uno mezcla las cartas y cada uno recibe su mano; aquellas cartas que nos toquen es una cuestión de suerte, y la posibilidad de obtener un póker real es bastante baja pero previsible. Si se toma el mazo y se retiran algunas cartas, las probabilidades de que la mano sea más alta aumentan, pero nunca se puede obtener más que un póker real, salvo que se produzca un milagro. Hay un relato ruso que cuenta que Cristo y los Apóstoles se hallaban jugando cartas y al momento de pagar, Pedro tenía tres reinas, Marcos, cuatro reyes y Pablo un póker real. Así que, dándose vuelta hacia Cristo, le dijo: "Bueno, y ahora nada de milagros". Para nuestro propósito, tendríamos que leer "milagro" como la posibilidad de nuevas combinaciones de mutación. Cuanto más compleja es una especie, más difícil es que se produzca una combinación más favorable para el desarrollo de la especie. De ahí que es probable que tengamos que esperar algún tiempo a que se produzca el "milagro". Podríamos, mientras tanto, y si así lo quisiéramos, arreglar la baraja para que en una mano más gente obtenga cartas altas, o para reducir el número de cartas bajas. Pero este es un tema nuevo y muy controversial que tendré la sabiduría de abandonar en este punto, antes de que alguien comience a proferir alguna de esas palabras prohibidas como "Hitler" o "Eugenesia" y todo tipo de pensamiento racional caiga bajo el peso de las mismas y cese.

VELOCIDAD

El examinador examinado

Otra de las estrategias de los antiexaminadores es la falsa paradoja: ¿Cómo se las arregla un examinador cuando se encuentra con gente más inteligente que él? La respuesta es una cuestión de velocidad. Cuanto más inteligente sea uno, más rápido resuelve los problemas, incluso los más simples. Es por eso que casi todos los test de inteligencia son de "velocidad". Es decir que son deliberadamente ideados para no darle al sujeto tiempo suficiente. Muchas de las personas que se quejan de no haber pasado los test de MENSA dicen: "No tuve suficiente tiempo". Y por supuesto que no lo tuvieron. Cualquier test que le dé a todos tiempo suficiente, haría un trabajo de discriminación muy pobre. Sin embargo, esto genera algunas polémicas entre los psicometristas, y existen otros tipos de test llamados test de "potencia" en los cuales se evalúa la habilidad de resolver problemas de mayor dificultad: la gente es dividida en categorías de acuerdo a su capacidad de resolver todos los problemas planteados. Plantear este tipo de test es mucho más complejo, ya que los niveles de dificultad deben ser graduados de manera mucho más cuidadosa y puestos en orden de dificultad dentro del test. Certifico, luego de varios años de experiencia en MENSA, que hay algo de esto. Pero puede ser muy complicado intentar producir un experimento convincente de este hecho, si es que existe tal hecho.

El Dr. Furneaux, del Instituto Maudsley sostiene un punto de vista diferente y ha producido una teoría de evaluación basada pura y exclusivamente en el tiempo que el sujeto emplea para resolver un gran número de ítems relativamente simples. Esto abre la posibilidad de una má-quina capaz de llevar a cabo la evaluación mental, y de hecho, se han realizado algunos experimentos al respecto.

La sofisticación de los test

A pesar de que el tiempo de los test se determina con particular cuidado para evitarlo, hay obviamente un efecto de *práctica*: cuantos más test uno haga, mejor los hará. En un test correctamente validado, sin embargo, la variación de puntaje que puede obtenerse mediante la práctica no es considerable (entre 5 ó 6 puntos). Alcanza un tope luego de algunos intentos y ya no se incrementa.

El profesor Eysenck ha propuesto que, ya que tanta gente está adquiriendo práctica en los test de inteligencia, sería sensato absorber esta causa de fluctuación ejercitando a cada niño. El presente libro puede ser visto como un medio para alcanzar esto. Por otro lado, el proceso de "entrenamiento" en test de inteligencia resultaría deplorable si implicara sustracción de tiempo de educación real. Asimismo, puede darse el caso de que niños que hayan recibido dicho "entrenamiento" consigan oportunidades académicas que otros niños, tal vez más capaces pero que no hayan realizado esta ejercitación, no podrán obtener. Esto sería, obviamente, injusto.

Una de las preguntas más frecuentes que nos formulan en MENSA, es si realmente hace alguna diferencia en cuanto a los resultados el hecho de que el sujeto no se encuentre bien, tenga fiebre, esté ebrio, cansado, menstruando, o deprimido al momento de realizar el examen. La respuesta es que prácticamente no hay diferencia, al menos, no tanta como la gente suele pensar. Los experimentos realizados indican que los cambios de temperamento temporales no son grandes causantes de variación. Odio ser quien le robe a la gente este consuelo cuando los resultados no son del todo favorables, de manera que le daré un consejo: espere a sufrir un dolor de cabeza, entonces haga su test, obtendrá una estimación ligeramente conservadora, lo cual es bueno para su ego si usted es brillante, y le permitirá burlarse a usted mismo diciéndose que los resultados no son realmente significativos si usted no lo es y no puede hacerlo.

LOS TEST EN ESTE LIBRO

Por cada test cognoscitivo aquí presentado, hay un test preliminar. Esto es para darle a usted la posibilidad de practicar, de forma tal que usted no se encuentre frente al verdadero test sin una idea de lo que está por realizar.

Recomiendo que el día que pretenda realizar el test, dedique algo de tiempo a la realización del test preliminar, intentando trabajar relativamente rápido, pero no tanto como para hacerlo de manera descuidada. Coteje las respuestas antes de pasar al verdadero test.

Control del tiempo en el Test Principal

Los test de CI fueron diseñados para ser administrados bajo condiciones estándar. Un examinador de inteligencia entrenado dirá, siempre, exactamente las mismas palabras, en el mismo tono de voz, de la misma manera, dándole a cada uno de los sujetos examinados el mismo tiempo. Intentará, igualmente, preservar un trasfondo cómodo, tranquilo y que no genere distracciones, de manera tal que cada grupo de sujetos tenga las mismas oportunidades. El éxito que obtendrá en lograr esto será solamente parcial.

Los test de este libro están ideados para tomar exactamente 30 minutos, y las respuestas quedarán invalidadas si usted se tomase más tiempo. Si usted realizara el test en mucho menos tiempo y todas las respuestas fueran correctas, bueno, entonces solo podré darle unas cuantas palmaditas de felicitación, ya que no he calculado cuanto debería sumársele a su puntaje. Será, seguramente, más alto que el indicado por el libro. Controlarse el tiempo usted mismo puede ser una fuente de distracción, por lo que, si no le da demasiada vergüenza, consígase alguien que lo haga por usted.

Copiarse

Copiarse, o echar una miradita previa a las preguntas del test principal antes de hacerlo, puede resultar bueno o malo, dependiendo de su objetivo. Si el objetivo de este ejercicio es probarse a usted mismo que es brillante, lo sea o no, entonces, cuanto más se copie, mejor. No le hará daño a nadie con esto, salvo a usted mismo. Pero, si lo que le interesa es realmente saber, y es lo suficientemente corajudo como para tolerar cualquier resultado, entonces, copiarse se vuelve absurdo y convierte al resto del test en una pérdida de tiempo.

Recuerde que es un test de velocidad, de manera que intente responder tanto como le sea posible. No se penalizan las respuestas incorrectas, y es una buena estrategia tratar de adivinar, incluso, si no conoce la respuesta. Sus conjeturas pueden estar más guiadas por su inteligencia de lo que usted cree. El "repasador obsesivo" está en desventaja; deje el repaso para una vez que haya completado la última pregunta. Tampoco corra.

Trabaje a la mayor velocidad en la que le sea posible responder de manera coherente. No se estanque en una pregunta, déjela y, en tal caso, vuelva sobre ella luego.

Las preguntas están ordenadas progresivamente, de acuerdo al grado de dificultad, por lo que puede haber quien llegue hasta un punto en la lista y ya no logre continuar. No se preocupe por esto, el test está ideado para detener a todos en algún punto.

Deténgase el tiempo necesario en las instrucciones: es importante comprenderlas completamente para que las cosas marchen bien.

Cada pregunta vale un punto, de manera que puede obtener hasta 50 puntos por cada sección del test cognoscitivo. Este es el momento de emprender la retirada si no desea ser clasificado o prefiere continuar considerándose un genio. No puedo desearle suerte ya que cuanta más tenga, mayor será el engaño que sufrirá, y habiendo dicho "Conózcase a usted mismo" debo ser coherente con mis palabras.

Que quienes continúen más allá de este punto sean aquellos que desean que su mente sea evaluada...

TEST VERBALES

TEST VERBAL DE PRÁCTICA

Sin límites de tiempo (18 preguntas). Intente practicar respondiendo rápidamente. Las respuestas se encuentran a continuación de la pregunta **VP 18** de este test.

Analogías I

Esto es una analogía: *La oscuridad es a la luz lo que el negro es al blanco.*
Complete cada una de las siguientes analogías subrayando dos de las palabras que se hallan entre los paréntesis.
Ejemplo: lo alto es a lo bajo lo (*cielo, tierra,* árbol, planta: cielo es análogo a tierra).

VP 1. Un perro es a un cachorro lo que (cerdo, vaca, ternero).
VP 2. Un círculo es a un globo como (triángulo, cuadrado, sólido, cubo).

Símiles

Subraye en cada línea las dos palabras que *tengan el significado más similar entre sí.*

45

Ejemplo: *felpudo,* linóleo, piso, *alfombra* (felpudo es similar a alfombra).

VP 3. vasto, todo, grande.
VP 4. vacío, amplio, entero, todo.

Comprensión

Lea el siguiente pasaje. Los espacios indicados deben ser completados con palabras de la lista debajo provista. En cada espacio escriba la letra de *la palabra que debería llenar dicho espacio.* Ninguna palabra deber repetirse en más de un caso y algunas de ellas no serán empleadas. La primera letra ya ha sido completada a modo de ejemplo.

VP 5 y 6. Pequeños (B) de niebla plateada (...) a colarse a través de los huecos mientras que la luz (...) en el ocaso.

(A) se desgastaba (B) jirones (C) antes (D) terminaron (E) comenzaron (F) palidecía.

¡Extraños fuera!

Subraye en cada uno de los grupos de palabras que encontrará debajo aquellas dos palabras cuyos significados *no se correspondan con el significado de las demás palabras de la lista.*

Ejemplo: petirrojo, paloma, *espada, tenedor,* águila.

VP 7. hombre, bacalao, arenque, niño, lenguado.
VP 8. nariz, boca, sonrisa, ojos, ceño.

Vínculos

Escriba entre paréntesis una palabra que, *en un sentido significa lo mismo que la palabra que se encuentra a la izquierda del paréntesis, y en otro sentido, lo mismo que la palabra a la derecha.* El número de estrellas dispuestas en los paréntesis corresponde a la cantidad de letras que deben completarse para formar la palabra oculta.
Ejemplo: cuenta (FACTURA) medialuna.

VP 9. rostro (C**A) costosa.
VP 10. dueño (A*O) quiero.

Analogías II

Complete las siguientes analogías escribiendo entre paréntesis una palabra que *termine con la letra impresa.*
Ejemplo: lo alto es a lo bajo como el cielo es a (TIERRA).

VP 11. La juventud es a la ancianidad lo que un niño es a (*****E).
VP 12. Un avión es a un pájaro lo que un submarino es a (**Z).

Opuestos

En cada una de las líneas de abajo, subraye las dos palabras cuyos significados resulten lo más opuestos posible.
Ejemplo: *pesado,* grande, *liviano.*

VP 13. atrevido, malvado, tímido.
VP 14. tenso, conciso, serio, relajado, irritado.

Términos medios

En cada hilera, los tres términos de la izquierda deben corresponderse con los tres de la derecha. Inserte *los términos medios que faltan para completar las líneas de la derecha.*
Ejemplo: primero (segundo) tercero :: uno (DOS) tres.

VP 15. kilómetro (centímetro) metro :: kilogramo (C*********) gramo.
VP 16. triángulo (cuadrado) pentágono :: tres (C*****) cinco.

Símiles u opuestos

Subraye en cada hilera dos palabras que tengan *los significados más distintos,* o bien, *los más similares.*
Ejemplo: *felpudo,* linóleo, *alfombra. Odio,* amor, *afecto.*

VP 17. respuesta, castigo, reputación, recompensa.

VP 18. despreciar, disimular, aparentar, halagar.

RESPUESTAS DEL TEST VERBAL DE PRÁCTICA

VP 1: vaca, ternero.
VP 2: cuadrado, cubo (un círculo es la forma plana de un globo, así como un cuadrado es la forma plana de un cubo).
VP 3: vasto, grande.
VP 4: entero, todo.
VP 5: E (comenzaron).
VP 6: F (palidecía).
VP 7: hombre, niño (la lista está mayoritariamente integrada por peces, no por seres humanos).
VP 8: sonrisa, ceño (son expresiones del rostro y la lista es de rasgos del mismo).
VP 9: cara.
VP 10: amo.
VP 11: hombre.
VP 12: pez.
VP 13: atrevido, tímido.
VP 14: tenso, relajado.
VP 15: centigramo.
VP 16: cuatro.
VP 17: castigo, recompensa (opuestos).
VP 18: disimular, aparentar (sinónimos).

TEST VERBAL A

Comience a trabajar calculando el tiempo exacto. Debe responder 50 preguntas en media hora. Las respuestas se hallan en las páginas 131 a 149.

Analogías I

A continuación encontrará cuatro términos análogos. El primero se vincula con el segundo de la misma forma en que el tercero se relaciona con el cuarto.
Complete cada analogía subrayando dos de las cuatro palabras dadas entre paréntesis.
Ejemplo: lo alto es a lo bajo lo que (*cielo, tierra,* árbol, planta).

VA 1. los soquetes son a los pies lo que (bufandas, guantes, manos, zapatos).
VA 2. la aguja es al hilo de coser lo que (algodón, costura, líder, seguidor).
VA 3. lo mejor es a lo peor como (regocijo, elección, malo, lamento).
VA 4. el piso es al apoyo lo que (ventana, vidrio, vista, ladrillo).
VA 5. los párpados son a las cortinas lo que (ojos, vista, ventana, oído).

Símiles

Subraye en cada línea las dos palabras que *tengan el significado más similar*.
Ejemplo: *felpudo*, linóleo, piso, *alfombra*.

VA 6. divulgar, divertir, revelar, revertir.
VA 7. bendición, bendecir, unción, bendito.
VA 8. innovaciones, rapidez, corrientes, novedades.
VA 9. relato, novela, volumen, cuento.
VA 10. encarcelar, penar, caña, castigar.

Comprensión

Lea el siguiente pasaje incompleto. Los espacios indicados deben ser completados con palabras de la lista debajo provista. En cada espacio escriba la letra de *la palabra que debería llenar dicho espacio*. Ninguna palabra deber repetirse en más de un caso y algunas de ellas no serán empleadas.

VA 11. a VA 20. Un autor exitoso está (***) en peligro de que su fama (***) ya sea que continúe o deje de (***). La consideración del (***) no es susceptible de ser conservada por otros medios que no sean el tributo continuo, y la (***) de los pasados servicios prestados comienza a languidecer rápidamente (***) alguna (***) brillante actuación vuelva a revelar a las (***) mentes de la masa el (***) sobre el cual se basa dicha (***).

(A) tampoco, (B) fama, (C) disminuya, (D) público, (E) memoria, (F) igualmente, (G) nueva, (H) a menos que, (I) olvidadizas, (J) irreales, (K) mérito, (L) escribir.

¡Extraños fuera!

Subraye en cada uno de los grupos de palabras que encontrará debajo aquellas dos palabras cuyos significados *no se correspondan con el significado de las demás palabras de la lista.*
Ejemplo: petirrojo, paloma, *espada, tenedor,* águila.

VA 21. tiburón, león marino, bacalao, ballena, lenguado.
VA 22. bayeta, papel, fieltro, paño, láminas de estaño.
VA 23. espada, flecha, daga, dardo, garrote.
VA 24. microscopio, teléfono, micrófono, telescopio, telégrafo.
VA 25. hedor, miedo, sonido, tibieza, amor.

Vínculos

Escriba entre paréntesis una palabra que, *en un sentido signifique lo mismo que la palabra que se encuentra a la izquierda del paréntesis, y en otro sentido, lo mismo que la palabra a la derecha.*
Ejemplo: cuenta (*Factur*A) medialuna.

VA 26. beber (T***R) agarrar.

VA 27. delgado (F**O) elegante.
VA 28. rito (C***O) instruido.
VA 29. liviano (L****O) rápido.
VA 30. aro (P*******E) barranca.

Opuestos

En cada una de las líneas de abajo, subraye las dos palabras *cuyos significados resulten lo más opuestos posible.*
Ejemplo: *pesado,* grande, *liviano.*

VA 31. insultar, negar, denigrar, firmar, afirmar
VA 32. perdido, velado, confuso, secreto, expuesto
VA 33. franco, abierto, liso, simple, sigiloso
VA 34. agravar, sorprender, disfrutar, mejorar, gustar
VA 35. predecesor, primitivo, primordial, primate, último

Términos Medios

En cada hilera, los tres términos de la izquierda deben corresponderse con los tres de la derecha. Inserte *los términos medios que faltan para completar las líneas de la derecha.*
Ejemplo: primero (segundo) tercero :: uno (DOS) tres.

VA 36. pasado (presente) futuro :: era (s**) seré.
VA 37. completo (incompleto) vacío :: siempre (u********) nunca.

VA 38. riqueza (pobreza) miseria :: mucho (p***) nada.
VA 39. líquido (gas) sólido :: agua (v****) hielo.
VA 40. cien (cincuenta) veinticinco :: entero (m****) cuarto.

Símiles u opuestos

Subraye en cada hilera dos palabras que tengan *los significados más distintos*, o bien, *los más similares*.
Ejemplo: *felpudo*, linóleo, *alfombra*. *Odio*, amor, *afecto*.

VA 41. armonioso, vivaz, feliz, rapaz, flemático.
VA 42. objeción, disuasión, reparo, diferencia, oblación.
VA 43. tenaz, resolver, irresoluto, solución, tenacidad.
VA 44. real, renal, literal, similar, verdadero.
VA 45. topografía, pila, original, altiplano, agujero.

Analogías II

Complete las siguientes analogías escribiendo entre paréntesis una palabra que *termine con la letra impresa*.
Ejemplo: lo alto es a lo bajo como el cielo es a (tierra)

VA 46. El orgulloso es al humilde lo que el generoso es al (******a).
VA 47. La bravura es a la valentía lo que la osadía es a (********z).

VA 48. Prestar es a apropiarse como la armonía es a (********a).

VA 49. Lo extraño es a lo normal lo que lo remoto es al (*******e).

VA 50. El cráneo es al cerebro lo que la cáscara del huevo es a (***a).

Fin del test. 50 preguntas en media hora. Respuestas: páginas 131 a 149.

TEST VERBAL B

Comience a trabajar calculando el tiempo exacto. Debe responder 50 preguntas en media hora. Las respuestas se hallan en las páginas 131 a 149.

Analogías I

A continuación encontrará cuatro términos análogos. El primero se vincula con el segundo de la misma forma en que el tercero se relaciona con el cuarto.
Complete cada analogía subrayando dos de las cuatro palabras dadas entre paréntesis.

VB 1. Una madre es a una niña lo que (hombre, padre, macho, niño).
VB 2. Una pared es a una ventana lo que (mirada, ladrillo, cara, ojo).
VB 3. Una isla es al agua lo que (sin, centro, diagonal, perímetro).
VB 4. Lo alto es a lo profundo como (sueño, nube, flotar, carbón).
VB 5. La forma es al contenido lo que (felicidad, estatua, mármol, molde).

Símiles

Subraye en cada línea las dos palabras que *tengan el significado más similar entre sí.*

VB 6. grumo, madera, rayo, haz.
VB 7. recolectar, recordar, concentrar, recoger.
VB 8. perezoso, haragán, molesto, indolente.
VB 9. divertir, arreglar, mover, entretener.
VB 10. bufonesco, bucólico, ebrio, rústico.

Comprensión

Lea el siguiente pasaje incompleto. Los espacios indicados deben ser completados con palabras de la lista debajo provista. En cada espacio escriba la letra de *la palabra que debería llenar dicho espacio.*
Las palabras deben ser utilizadas una sola vez y algunas no serán empleadas.

VB 11. a VB 20. La razón nos informa que (***) de los dones del (***), incluyendo nuestra propia (***) deben caer en el (***) y la voz de la experiencia (***) que si permitimos que el halago o el reproche de nuestros (***) sea lo que regule o (***) nuestra (***) viviremos constantemente (***) por una infinita variedad de (***) irreconciliables.

(A) genialidad, (B) distraídos, (C) juicios, (D) ninguno, (E) individualidad, (F) desuso, (G) informa, (H) sugiere, (I) motive, (J) cielo, (K) conducta, (L) pares.

¡Extraños fuera!

Subraye en cada uno de los grupos de palabras que siguen aquellas dos cuyos significados *no se correspondan con el de las demás palabras de la lista.*

VB 21. cuchillo, navaja, tijeras, aguja, lanza.
VB 22. bravura, disgusto, fe, energía, miedo.
VB 23. prosodia, geología, filosofía, fisiología, física.
VB 24. pegamento, colador, hacha, tornillo, cuerda.
VB 25. recepcionista, dibujante, psiquiatra, herrero, jardinero.

Vínculos

Escriba entre paréntesis una palabra que, *en un sentido signifique lo mismo que la que se encuentra a la izquierda del paréntesis, y en otro, lo mismo que la de la derecha.*

VB 26. heladera, (R**********R) refrescante.
VB 27. valla (C***A) próximo.
VB 28. palabra (T*****O) final.
VB 29. parar (D*****R) arrestar.
VB 30. conducta (D********A) método.

Analogías II

Complete las siguientes analogías escribiendo entre paréntesis una palabra que *termine con la letra impresa.*

VB 31. El termómetro es a la temperatura lo que el reloj es a la (***A).
VB 32. Más allá es a afuera lo que entre es a (******O).
VB 33. Un huevo es a un ovoide lo que la tierra es a un (********E).
VB 34. Lo potencial es a lo actualizado lo que el futuro es al (*******E).
VB 35. La competencia es a la cooperación lo que un rival es a un (********O).

Opuestos

En cada una de las líneas de abajo, subraye las dos palabras *cuyos significados resulten lo más opuestos posible.*

VB 36. chico, largo, acortar, extensión, extender.
VB 37. intenso, extensivo, mayoritario, extremo, difuso.
VB 38. castigar, molestar, pellizcar, ignorar, tranquilizar.
VB 39. contestar, contar, relacionar, desconectar, refutar.
VB 40. ingobernable, insensato, respetuoso, obediente, desordenado.

Términos medios

En cada hilera, los tres términos de la izquierda deben corresponderse con los tres de la derecha. Inserte *los términos medios que faltan para completar las líneas de la derecha.*

VB 41. comienzo (medio) fin :: cabeza (C******) pies.
VB 42. surgimiento (cenit) decadencia :: amanecer (M*******) ocaso.
VB 43. punto (cubo) línea :: ninguna (T***) una.
VB 44. ninguno (todos) uno :: negro (B*****) rojo.
VB 45. cara (cuerpo) piernas :: nariz (O******) rodillas.

Símiles u Opuestos

Subraye en cada hilera dos palabras que tengan *los significados más distintos, o bien, los más similares.*

VB 46. responsable, confiable, fluctuante, fiable, valioso.
VB 47. extraño, práctico, aplicable, inútil, apto.
VB 48. relegar, rembolsar, legislar, promover, proceder.
VB 49. ventana, luminoso, corrosivo, brillante, sombreado.
VB 50. elucubrar, sobornar, indecente, escabroso, tramar.

Fin del test. 50 preguntas en media hora. Respuestas: páginas 131 a 149.

TEST NUMÉRICOS

TEST NUMÉRICO DE PRÁCTICA

Sin límite de tiempo (26 preguntas). Practique respondiendo rápidamente.
Las respuestas se encuentran a continuación de la pregunta **PN 26** del test numérico.

Ecuaciones

En cada una de las siguientes ecuaciones *falta un número* que debe ser escrito entre los paréntesis.

PN 1. 21 - 6 = 3 x (...)
PN 2. 48 / 2 = 20 + (...)
PN 3. 4 x 0,5 = 0,25 x (...)

Objetivos

En cada set de misiles hay reglas que permiten formar el número del objetivo de cada misil a partir de los números dados en la cola y en las alas. En el ejemplo la regla es: *sume los números de las alas y multiplique el resultado por el número de la cola para obtener el número correspondiente al objetivo.*
Escriba la respuesta en el objetivo en blanco.

Ejemplo:

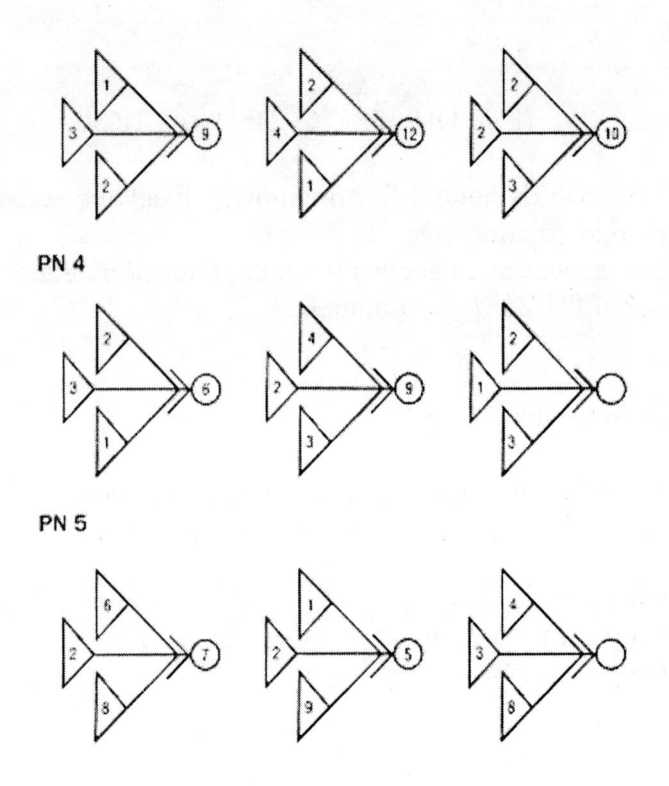

PN 4

PN 5

Series

Cada fila de números indicada debajo conforma una serie. Escriba en los paréntesis al final de cada línea el número que debería continuar la serie según el criterio lógico empleado en cada caso.
Ejemplo: 1, 2, 4, (8)
PN 6. 2, 4, 6, 8, (...)

PN 7. 18, 27, 36, (...)
PN 8. 81, 64, 49, 36, (...)

Filas dobles

Dentro de cada uno de los set de números debajo indicados se aplican las mismas reglas para obtener como resultado los números inscriptos en los círculos. Que un número se halle en una fila superior o inferior determina qué regla se aplica a dicho número. En el ejemplo, se obtiene como resultado el número indicado en el círculo, sumando los números superiores del set y multiplicándolos, luego, por el número en la fila inferior. Escriba *el número correcto en el círculo en blanco.*
Ejemplo:

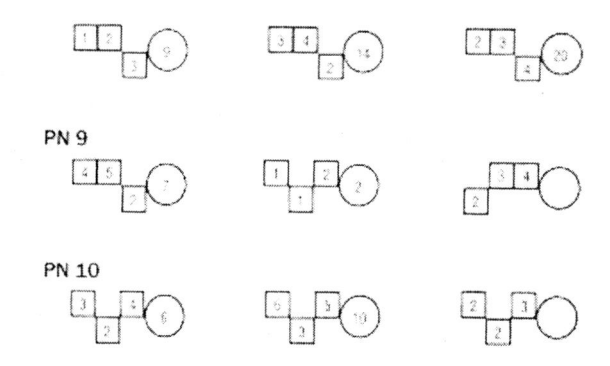

PN 9

PN 10

Términos medios

En cada una de las siguientes líneas, los tres números de la izquierda se relacionan entre sí de la misma manera

en que deberían hacerlo los tres números de la derecha. Encuentre *el número medio faltante en la derecha*.
Ejemplo: 2 (6) 3 :: 3 (12) 4

PN 11. 11 (12) 13 :: 4 (...) 6
PN 12. 4 (9) 5 :: 2 (...) 3
PN 13. 25 (5) 5 :: 24 (...) 4

Pasteles

En cada diagrama dado los números corren en pares o en series, yendo alrededor o a través del diagrama. Inserte *el número faltante* en el sector dejado en blanco.

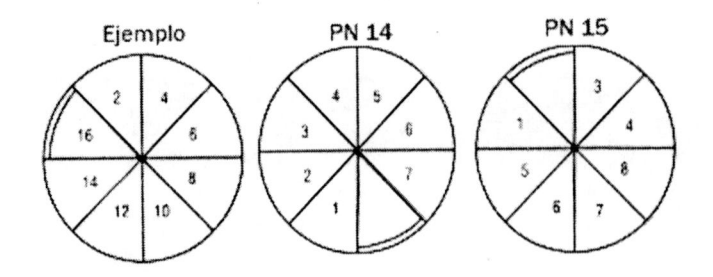

Ejemplo   PN 14   PN 15

Matrices

En cada cuadrado los números corren horizontal y verticalmente siguiendo reglas simples. En el caso del ejemplo, los números de cada fila se forman sumando 1 a cada número precedente y los números de cada columna sumando 2 a cada número anterior. Encuentre *el número faltante* e indíquelo en la casilla en blanco.

Ejemplo

1	2	3
3	4	5
5	6	7

PN 16

2	4	6
4	6	8
6	8	

PN 17

2	4	8
3	6	12
4	8	

Cuadrados y triángulos

En cada set de cuadrados, los números se relacionan a partir de reglas particulares para obtener el número indicado en el triángulo. Cada hilera de números posee el mismo set de reglas, pero estas varían de hilera en hilera. En el ejemplo, se han sumado los números de los dos primeros cuadrados y restado el número en el tercer cuadrado, para obtener como resultado el número del triángulo. Escriba *la cifra faltante* en el triángulo en blanco provisto.

Ejemplo

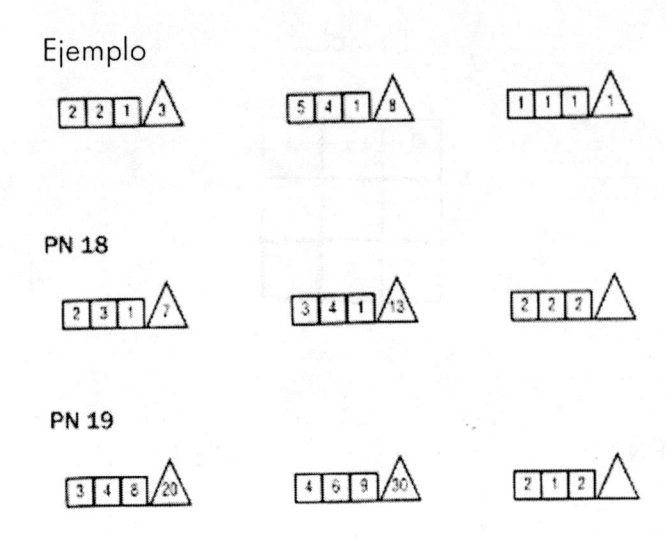

[2][2][1]/3\ [5][4][1]/8\ [1][1][1]/1\

PN 18

[2][3][1]/7\ [3][4][1]/13\ [2][2][2]/△\

PN 19

[3][4][8]/20\ [4][6][9]/30\ [2][1][2]/△\

Reglas y formas

Las distintas formas indican las reglas aritméticas aplicadas al número inscripto en ellas. En cada set, los números que se hallan inscriptos en dichas formas se emplean para obtener como resultado el número que no se encuentra completamente encerrado en una forma. Escriba *el número ausente* en cada línea.

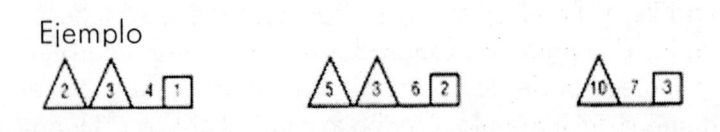

Ejemplo

/2\/3\ 4 [1]   /5\/3\ 6 [2]   /10\ 7 [3]

PN 20

PN 21

PN 22

PN 23

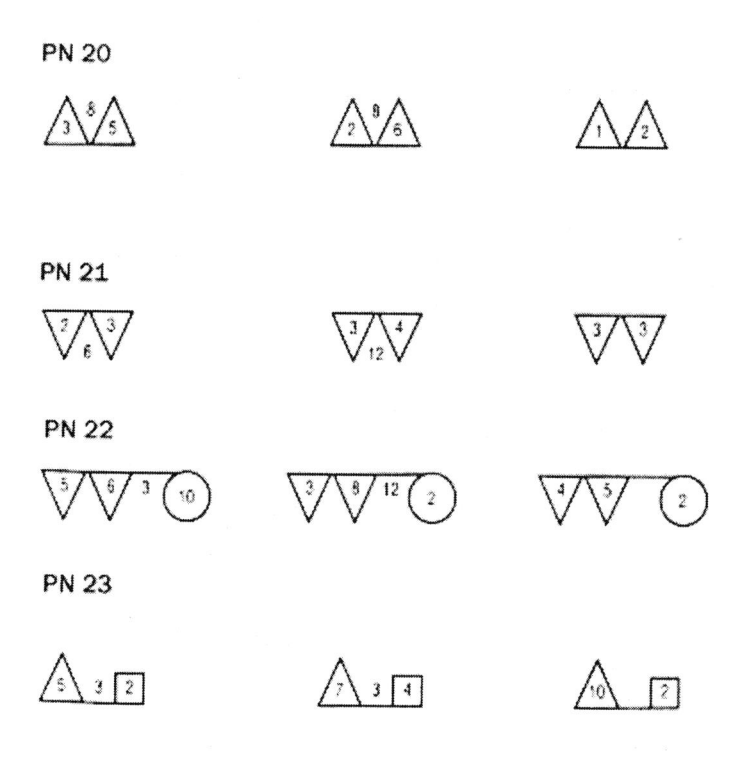

Cuadrados dobles

Los números de cada fila se suceden en serie. Escriba *los dos números que deberían aparecer en los espacios en blanco de los cuadrados dobles dispuestos a la derecha de cada hilera.* En el ejemplo, los números que se encuentran en las casillas de la izquierda se incrementan de uno en uno en cada paso, mientras que los números de las casillas de la derecha se multiplican por dos.

Ejemplo

| 1 | 2 | → | 2 | 4 | → | 3 | 8 | → | 4 | 16 |

PN 24

| 3 | 3 | | 5 | 6 | | 7 | 9 | | | |

PN 25

| 10 | 20 | | 9 | 18 | | 8 | 16 | | | |

PN 26

| 3 | 9 | | 5 | 25 | | 7 | 49 | | | |

RESPUESTAS DEL TEST NUMÉRICO DE PRÁCTICA

PN 1. 5
PN 2. 4
PN 3. 8
PN 4. 6 (Sume los números de las alas y de la cola).
PN 5. 4 (Sume los números de las alas y divida el resultado por el número de la cola).
PN 6. 10 (Adicione dos).
PN 7. 45 (Sume nueve).

PN 8. 25 (Los números en la serie corresponden a los cuadrados de 9, 8, 7, 6 y el cuadrado de 5 es 25).

PN 9. 5 (Sume los números de la hilera superior y reste el número de la inferior).

PN 10. 3 (Multiplique los números de la fila superior y divida el resultado por el número que se encuentra en la inferior).

PN 11. 5 (El número 5 se halla entre 4 y 6 en la secuencia normal de conteo).

PN 12. 5 (Sume los números externos al paréntesis para obtener el interno).

PN 13. 6 (Divida el número que se halla a la izquierda del paréntesis por el que se encuentra a la derecha).

PN 14. 8 ó 0 (Sume 1 a cada número sucesivamente y siguiendo la dirección de las agujas del reloj).

PN 15. 2 (Cada par de números opuestos diagonalmente suma nueve).

PN 16. 10 (Tanto las filas como las columnas se incrementan sumando dos).

PN 17. 16 (Las filas aumentan redoblándose. Las columnas aumentan redoblando, no los números originales, sino aquellos que deben ser adicionados para lograr la progresión: Ejemplo: sume uno, sume dos, sume tres).

PN 18. 6 (Multiplique los dos primeros números y sume el tercero).

PN 19. 3 (Multiplique el primer y el tercer número y reste el segundo).

PN 20. 3 (Los números que se hallan dentro de los triángulos deben ser sumados).

PN 21. 9 (Los números que encuentran en los triángulos invertidos deben ser multiplicados).

PN 22. 10 (Aquellos números encerrados en los triángulos invertidos deben ser multiplicados y el producto obtenido, divido por aquellos inscriptos en los círculos).

PN 23. 8 (Debe restarse los números dentro de los cuadrados a aquellos inscriptos en los triángulos).

PN 24. 9 y 12 (Los primeros números de las casillas dobles sucesivas forman una serie que progresa mediante la adición de dos, de igual manera, los segundos números por la adición de tres).

PN 25. 7 y 14 (Los primeros números forman una serie mediante la sustracción de unos, mientras los segundos sustraen dos).

PN 26. 9 y 81 (Los primeros números de las casillas dobles sucesivas forman una serie que progresa mediante la adición de dos y los segundos números son los cuadrados correspondientes a los primeros números).

TEST NUMÉRICO A

Comience a trabajar con el tiempo exacto. Debe responder 50 preguntas en media hora. Las respuestas se hallan en las páginas 131 a 149.

Ecuaciones

En cada una de las siguientes ecuaciones *falta un número* que debe ser escrito entre los paréntesis.
Ejemplo: 2 x 12 = 6 x (4)

NA 1. 8 x 7 = 14 x (...)
NA 2. 12 + 8 - 21 = 16 + (...)
NA 3. 0,0625 x 8 = 0,25 / (...)
NA 4. 0,21 - 0,25 = 0,6 x 0,7 x (...)
NA 5. 256 / 64 = 512 x (...)

Objetivos

En cada set de misiles hay reglas que permiten formar el número del objetivo de cada misil a partir de los números dados en la cola y en las alas. En el ejemplo, la regla es: *sume los números de las alas y multiplique el resultado por el número de la cola para obtener el número correspondiente al objetivo. Escriba la respuesta en el objetivo en blanco.*

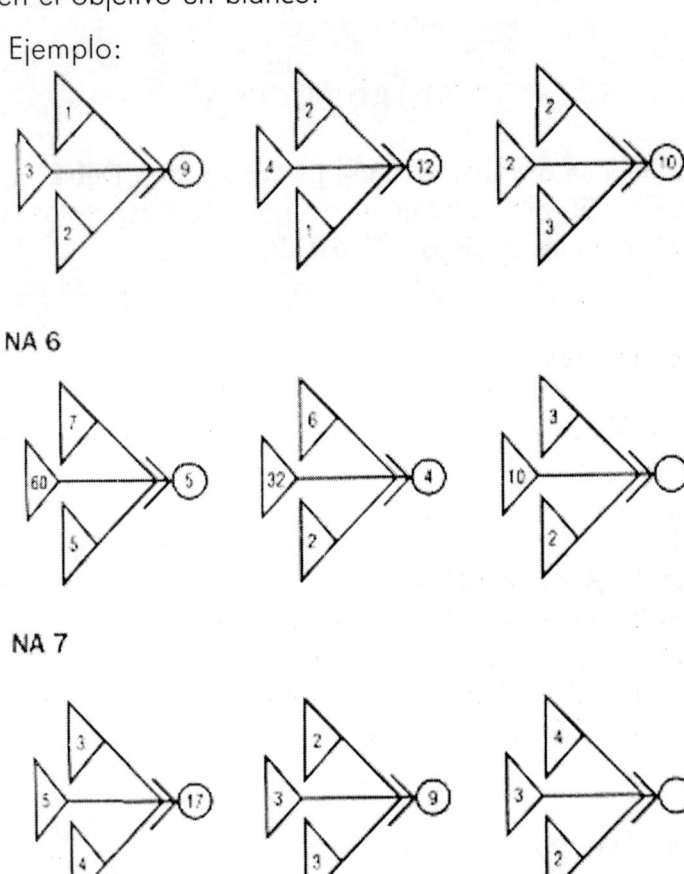

Ejemplo:

NA 6

NA 7

Series

Cada fila de números indicada debajo conforma una serie: escriba en los paréntesis, al final de cada línea,

el número que debería continuar la serie según el criterio lógico empleado en cada caso.
Ejemplo: 1, 2, 4, (8)

NA 8. 3, 6, 12, 24, (...)
NA 9. 81, 54, 36, 24, (...)
NA 10. 2, 3, 5, 9, 17, (...)
NA 11. 7, 13, 19, 25, (...)
NA 12. 9, 16, 25, 36, (...)

Filas dobles

Dentro de cada uno de los set de números debajo indicados se aplican las mismas reglas para obtener como resultado los números inscriptos en los círculos. Que un número se halle en una fila superior o inferior determina qué regla se aplica a dicho número. En el ejemplo, se obtiene como resultado el número indicado en el círculo, sumando los números superiores del set y multiplicándolos, luego, por el número en la fila inferior. Escriba *el número correcto en el círculo en blanco.*

Ejemplo

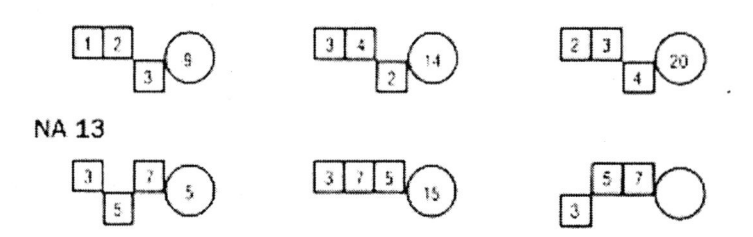

| 1 | 2 | 9
| | 3 |

| 3 | 4 | 14
| | 2 |

| 2 | 3 | 20
| | 4 |

NA 13

| 3 | 7 | 5
| | 5 |

| 3 | 7 | 5 | 15

| 5 | 7 |
| 3 | |

NA 14

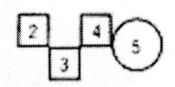

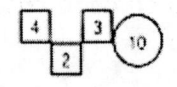

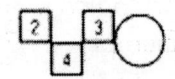

Términos medios

En cada una de las siguientes líneas, los tres números de la izquierda se relacionan entre sí de la misma manera en que deberían hacerlo los tres números de la derecha. Encuentre *el número medio faltante en la derecha*.
Ejemplo: 2 (6) 3 :: 3 (12) 4

NA 15. 7 (12) 5 :: 8 (...) 3
NA 16. 3 (6) 2 :: 3 (...) 3
NA 17. 586 (121) 102 :: 653 (...) 205
NA 18. 444 (148) 296 :: 504 (...) 168
NA 19. 132 (808) 272 :: 215 (...) 113

Pasteles

En cada diagrama dado los números corren en pares o en series yendo alrededor o a través del diagrama. Inserte *el número faltante* en el sector dejado en blanco.

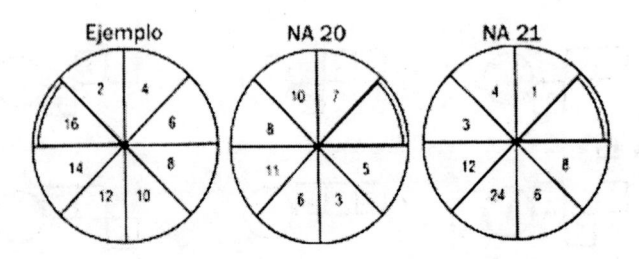

Series II

Escriba entre paréntesis *el número que pertenece al paso faltante en la serie.*

NA 22. 53, 47, (...), 35
NA 23. 33, 26, (...), 12
NA 24. 243, 216, (...), 162
NA 25. 65, 33, (...), 9
NA 26. 3, 4, 6, (...), 18

Matrices

En cada cuadrado los números corren transversal y verticalmente siguiendo simples reglas aritméticas. Encuentre *el número faltante* e indíquelo en la casilla en blanco.

Ejemplo

1	2	3
3	4	5
5	6	7

NA 27

6	7	13
2	5	?
8	12	

NA 28

6	2	12
4	5	20
24	10	

Cuadrados y triángulos

En cada set de cuadrados los números se relacionan a partir de reglas particulares para obtener el número indicado en el triángulo. Cada hilera de números posee el mismo set de reglas, pero estas varían de hilera en hilera. Escriba *el número faltante* en el triángulo en blanco provisto.

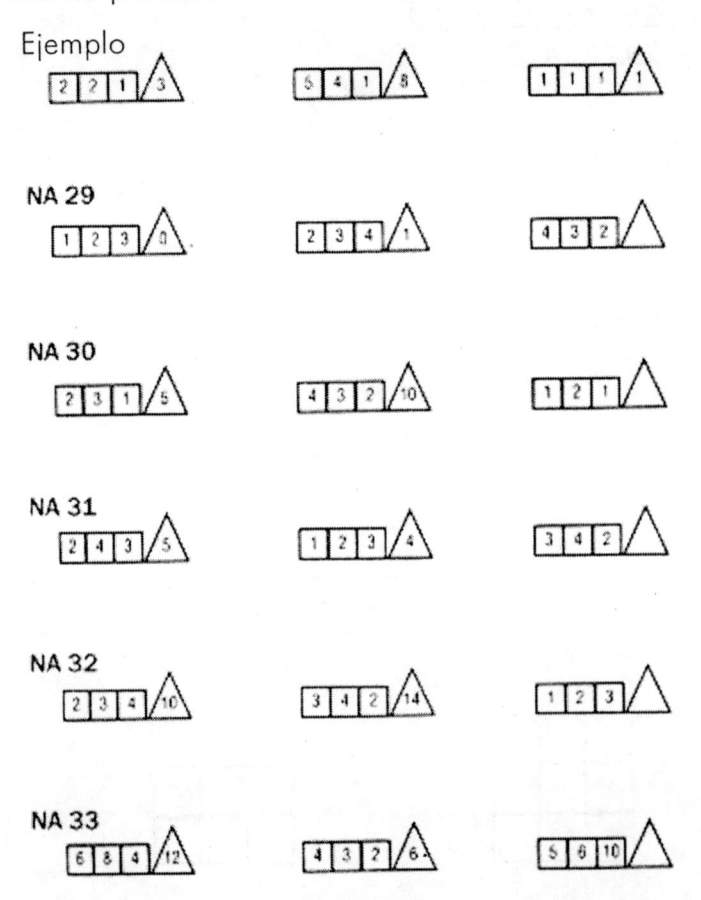

Ejemplo

| 2 | 2 | 1 | △ 3 | | 5 | 4 | 1 | △ 8 | | 1 | 1 | 1 | △ 1 |

NA 29

| 1 | 2 | 3 | △ 3 | | 2 | 3 | 4 | △ 4 | | 4 | 3 | 2 | △ |

NA 30

| 2 | 3 | 1 | △ 5 | | 4 | 3 | 2 | △ 10 | | 1 | 2 | 1 | △ |

NA 31

| 2 | 4 | 3 | △ 5 | | 1 | 2 | 3 | △ 4 | | 3 | 4 | 2 | △ |

NA 32

| 2 | 3 | 4 | △ 10 | | 3 | 4 | 2 | △ 14 | | 1 | 2 | 3 | △ |

NA 33

| 6 | 8 | 4 | △ 12 | | 4 | 3 | 2 | △ 6 | | 5 | 6 | 10 | △ |

Matrices II

Encuentre *el número faltante* e indíquelo en la casilla en blanco.

NA 34

1	2	2
2	3	6
2	6	

NA 35

4	2	2
2	2	1
2	1	

Reglas y formas

Las distintas formas indican las reglas aritméticas aplicadas al número inscripto en ellas. En cada set, los números que se hallan inscriptos en dichas formas se emplean para obtener como resultado el número que no se encuentra totalmente encerrado en una forma.

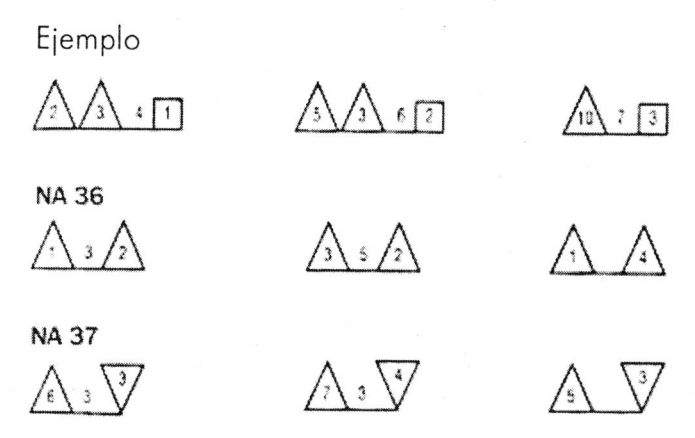

Ejemplo

△2 △3 4 □1   △5 △3 6 □2   △10 7 □3

NA 36

△? △3 △2   △3 △5 △2   △1 △4

NA 37

△6 3 ▽3   △7 3 ▽4   △9 ▽3

NA 38

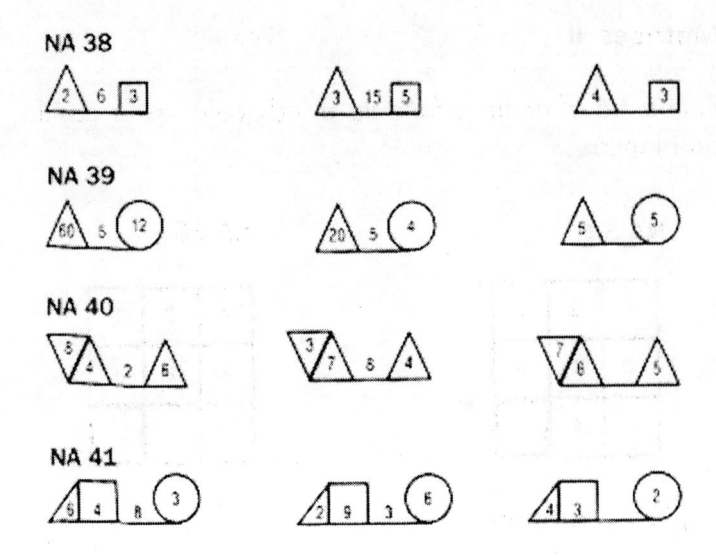

△ 2 6 3   △ 3 15 5   △ 4 ☐ 3

NA 39

△ 60 5 (12)   △ 20 5 (4)   △ 5 (5)

NA 40

▽ 5 4 2 △ 6   ▽ 3 7 8 △ 4   ▽ 7 6 △ 5

NA 41

▱ 6 4 8 (3)   ▱ 2 9 3 (6)   ▱ 4 3 (2)

Pasteles II

Escriba el número que falta en el espacio provisto.

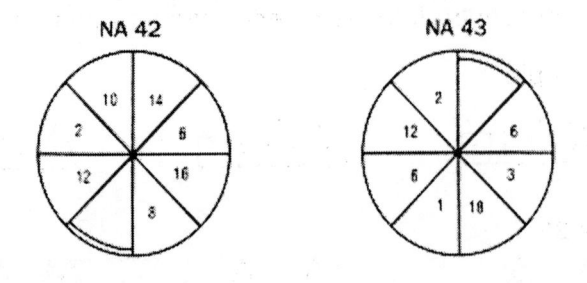

NA 42: círculo dividido en 8 con 10, 14, 2, 6, 12, 16, 8

NA 43: círculo dividido en 8 con 2, 6, 3, 18, 1, 6, 12

Cuadrados dobles

Los números de cada fila se suceden en serie. Escriba los dos números que deberían aparecer en los espacios en blanco de los cuadrados dobles dispuestos a la derecha de cada hilera. En el ejemplo, los números que se encuentran en las casillas de la izquierda se incrementan de uno en uno en cada paso, mientras que los números de las casillas de la derecha se multiplican por dos.

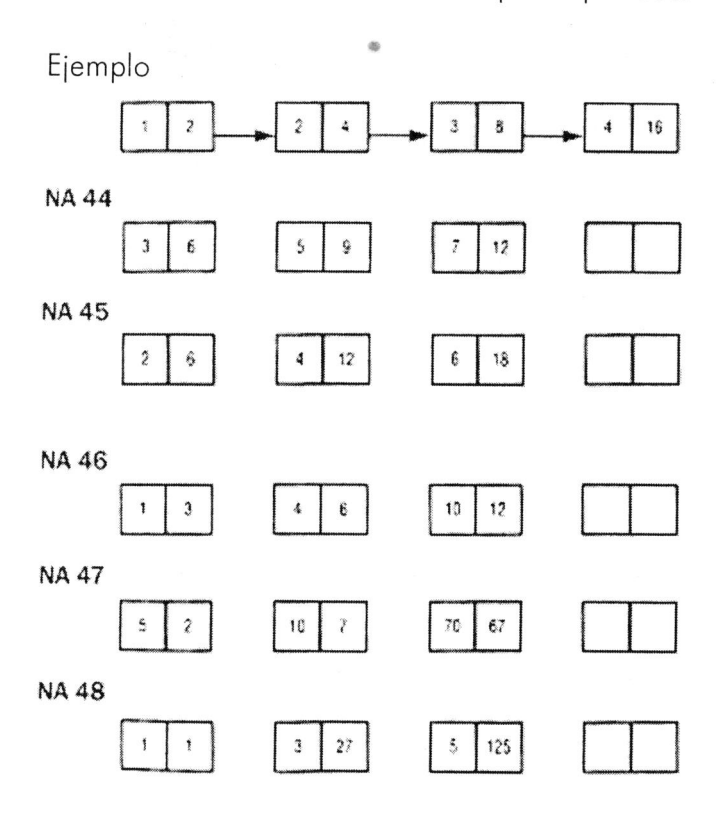

Ejemplo

| 1 | 2 | → | 2 | 4 | → | 3 | 8 | → | 4 | 16 |

NA 44

| 3 | 6 | | 5 | 9 | | 7 | 12 | | | |

NA 45

| 2 | 6 | | 4 | 12 | | 6 | 18 | | | |

NA 46

| 1 | 3 | | 4 | 6 | | 10 | 12 | | | |

NA 47

| 5 | 2 | | 10 | 7 | | 70 | 67 | | | |

NA 48

| 1 | 1 | | 3 | 27 | | 5 | 125 | | | |

Ejercicios finales

NA 49. Si 42 = A x (A+1), entonces A es (...)
NA 50. Si 162 x 98 = B x B, entonces B es (...)

Fin del test. Puede ahora controlar su trabajo hasta que finalice el tiempo predeterminado. Respuestas: páginas 131 a 149.

TEST NUMÉRICO B

Comience a trabajar con el tiempo exacto. Debe responder 50 preguntas en media hora. Las respuestas se hallan en las páginas 131 a 149.

Ecuaciones

En cada una de las siguientes ecuaciones *falta un número* que debe ser escrito entre los paréntesis.
Ejemplo: 2 x 12 = 6 x (4)

NB 1. 5 x 9 = 15 x (...)
NB 2. 16 + 7 - 29 = 5 + (...)
NB 3. 0,225 x 4 = 0,75 x (...)
NB 4. 0,28 / 0,35 = 0,5 x 0,4 x (...)
NB 5. 81 + 27 = 243 x (...)

Objetivos

En cada set de misiles hay reglas que permiten formar el número del objetivo de cada misil a partir de los números dados en la cola y en las alas. En el ejemplo, la regla es: *sume los números de las alas y multiplique el resultado por el número de la cola para obtener el número correspondiente al objetivo.* Escriba la respuesta en el objetivo en blanco.

Ejemplo

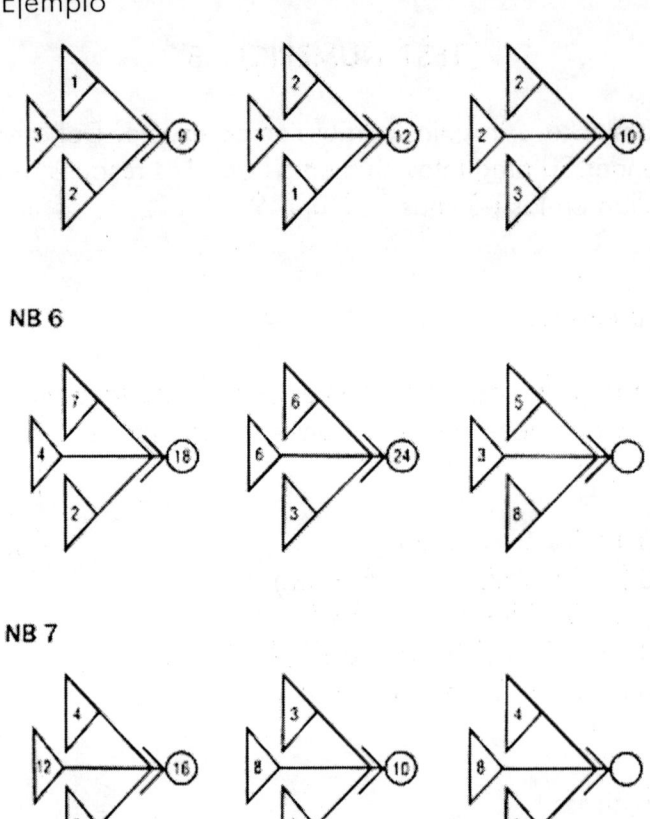

NB 6

NB 7

Series

Cada fila de números indicada debajo conforma una serie. Escriba en los paréntesis, al final de cada línea, el número que debería continuar la serie según el criterio lógico empleado en cada caso.

NB 8. 2, 6, 18, 54, (...)
NB 9. 256, 192, 144, 108, (...)
NB 10. 1, 3, 7, 15, (...)
NB 11. 6, 13, 20, 27, (...)
NB 12. 49, 64, 81, 100, (...)

Filas dobles

Dentro de cada uno de los set de números debajo indicados se aplican las mismas reglas para obtener como resultado los números inscriptos en los círculos. Que un número se halle en una fila superior o inferior, determina qué regla se aplica a dicho número. En el ejemplo, se obtiene como resultado el número indicado en el círculo, sumando los números superiores del set y multiplicándolos, luego, por el número en la fila inferior. Escriba el número correcto en el círculo en blanco.

Ejemplo

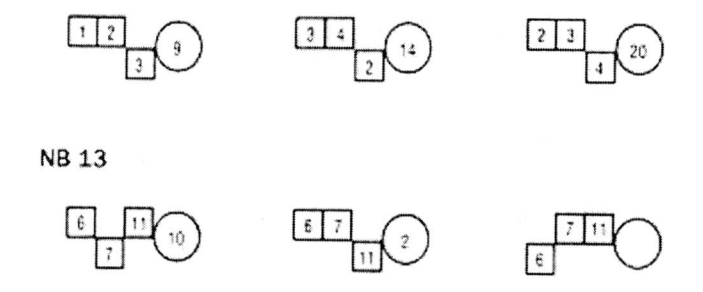

NB 13

NA 14

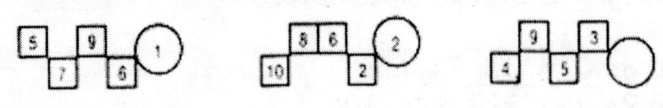

Términos medios

En cada una de las siguientes líneas, los tres números de la izquierda se relacionan entre sí de la misma manera en que deberían hacerlo los tres números de la derecha. Encuentre *el número medio faltante en la derecha*.
Ejemplo: 2 (6) 3 :: 3 (12) 4

NB 15. 4 (11) 7 :: 8 (...) 5
NB 16. 3 (12) 4 :: 2 (...) 5
NB 17. 661 (122) 295 :: 514 (...) 121
NB 18. 205 (111) 239 :: 176 (...) 124
NB 19. 784 (112) 336 :: 968 (...) 363

Pasteles

En cada diagrama dado los números corren en pares o en series, yendo alrededor o a través del diagrama. Inserte *el número faltante* en el sector dejado en blanco.

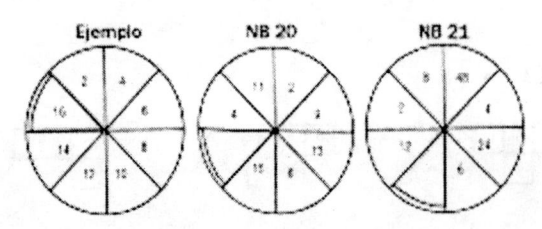

Series II

Cada hilera de números conforma una serie. Escriba en los paréntesis *el número que debería lógicamente estar allí.*

NB 22. 52, 45, (...), 31
NB 23. 43, 35, (...), 19
NB 24. 416, 390, (...), 338
NB 25. 92, 79, (...), 53
NB 26. 1, 5, 13, (...), 61

Matrices

En cada cuadrado los números corren transversal y verticalmente siguiendo simples reglas aritméticas. Encuentre *el número faltante* e indíquelo en la casilla en blanco.

Ejemplo

1	2	3
3	4	5
5	6	7

NB 27

3	4	7
7	5	12
10	9	

NB 28

2	5	10
6	3	18
12	15	

Cuadrados y triángulos

En cada set de cuadrados los números se relacionan a partir de reglas particulares para obtener el número indicado en el triángulo. Cada hilera de números posee el mismo set de reglas, pero estas varían de hilera en hilera. Escriba *el número faltante* en el triángulo en blanco provisto.

Ejemplo

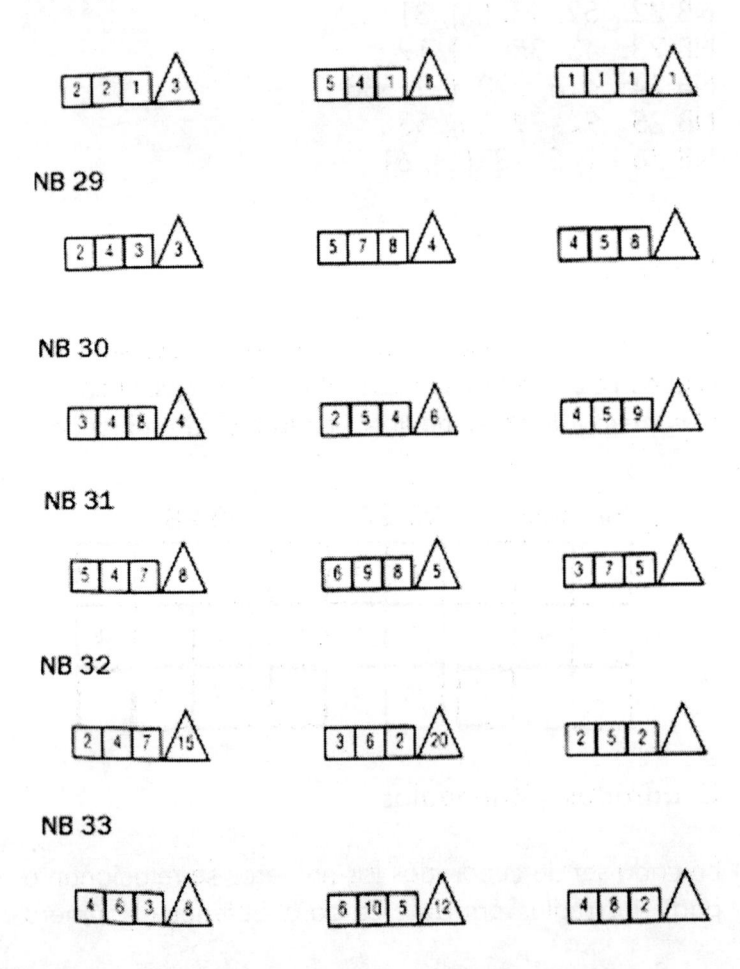

| 2 | 2 | 1 | △ 3 | | 5 | 4 | 1 | △ 8 | | 1 | 1 | 1 | △ 1 |

NB 29

| 2 | 4 | 3 | △ 3 | | 5 | 7 | 8 | △ 4 | | 4 | 5 | 8 | △ |

NB 30

| 3 | 4 | 8 | △ 4 | | 2 | 5 | 4 | △ 6 | | 4 | 5 | 9 | △ |

NB 31

| 5 | 4 | 7 | △ 8 | | 6 | 9 | 8 | △ 5 | | 3 | 7 | 5 | △ |

NB 32

| 2 | 4 | 7 | △ 15 | | 3 | 6 | 2 | △ 20 | | 2 | 5 | 2 | △ |

NB 33

| 4 | 6 | 3 | △ 8 | | 6 | 10 | 5 | △ 12 | | 4 | 8 | 2 | △ |

Matrices II

Encuentre *el número faltante* e indíquelo en la casilla en blanco.

NB 34

3	11	8
4	9	5
5	12	

NB 35

9	4	3
18	3	9
12	4	

Reglas y formas

Las distintas formas indican las reglas aritméticas aplicadas al número inscripto en ellas. En cada set los números que se hallan inscriptos en dichas formas se emplean para obtener como resultado el número que no se encuentra completamente encerrado en una forma. Escriba *el número ausente* en cada línea.

Ejemplo

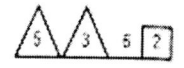

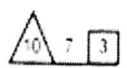

△ △ △ 4 [1]   △ △ △ 5 [2]   △ 7 [3]
 2 3   5 3   10

NB 36

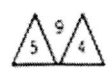

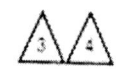

△ 9 △   △ 8 △   △ △
 5   4   2   6   3   4

NB 37

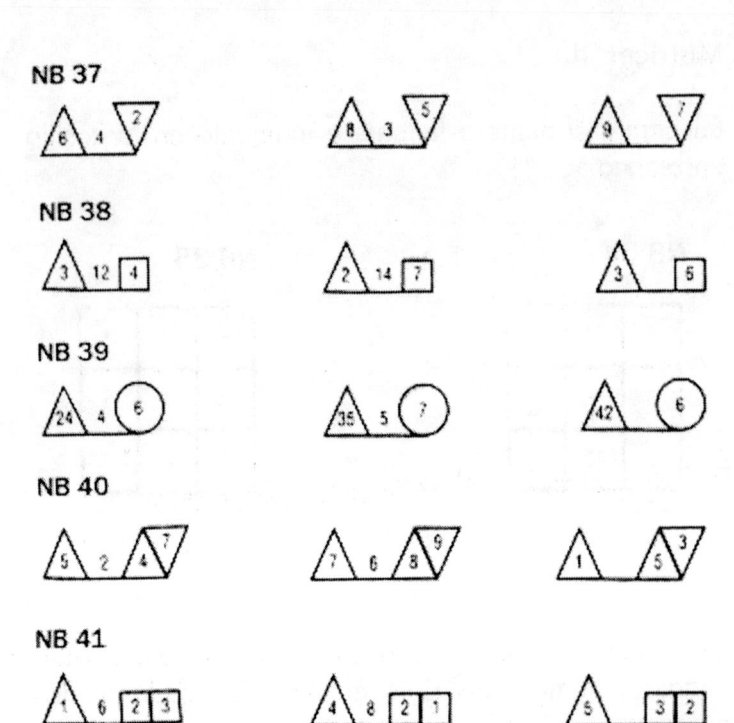

△6 4 ▽2   △8 3 ▽5   △9 ▽7

NB 38

△3 12 □4   △2 14 □7   △3 □5

NB 39

△24 4 ○6   △35 5 ○7   △42 ○6

NB 40

△5 2 ◇7/4   △7 6 ◇9/8   △1 ◇3/5

NB 41

△1 6 □2 □3   △4 8 □2 □1   △5 □3 □2

Pasteles II

Escriba el número que falta en el espacio provisto.

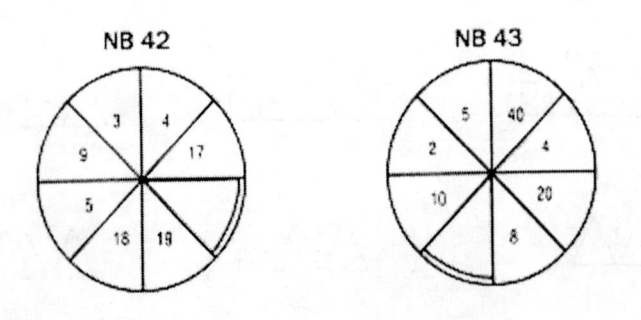

NB 42

3 | 4
9 | 17
5 |
18 | 19

NB 43

5 | 40
2 | 4
10 | 20
 | 8

Cuadrados dobles

Los números de cada fila se suceden en serie. Escriba los dos números que deberían aparecer en los espacios en blanco de los cuadrados dobles dispuestos a la derecha de cada hilera. En el ejemplo, los números que se encuentran en las casillas de la izquierda se incrementan de uno en uno en cada paso, mientras que los números de las casillas de la derecha se multiplican por dos.

Ejemplo

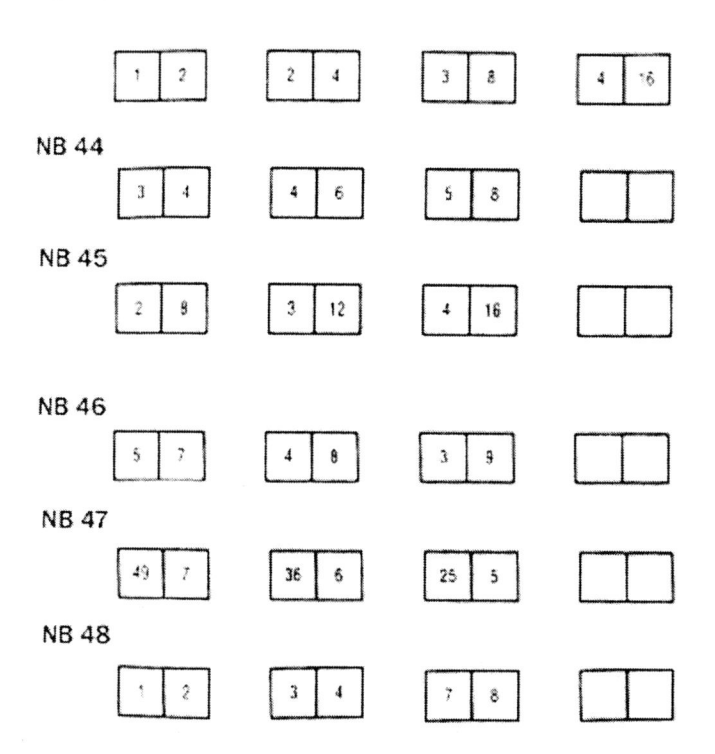

| 1 | 2 | | 2 | 4 | | 3 | 8 | | 4 | 16 |

NB 44

| 3 | 4 | | 4 | 6 | | 5 | 8 | | | |

NB 45

| 2 | 9 | | 3 | 12 | | 4 | 16 | | | |

NB 46

| 5 | 7 | | 4 | 8 | | 3 | 9 | | | |

NB 47

| 49 | 7 | | 36 | 6 | | 25 | 5 | | | |

NB 48

| 1 | 2 | | 3 | 4 | | 7 | 8 | | | |

93

Ejercicios finales

NB 49. Si 75 x 48 = A x A, entonces A es (...)
NB 50. Si 84 x 18 x 49 = B x B x B, entonces B es (...)

Fin del test. Puede ahora controlar su trabajo hasta que finalice el tiempo predeterminado. Respuestas: páginas 131 a 149.

TEST ESPACIALES

TEST ESPACIAL DE PRÁCTICA

No hay límite de tiempo, pero trate de realizar este test lo más rápido que pueda. Las repuestas se encuentran a continuación de la pregunta SP 17.

Girando

En cada uno de los casos debajo expuestos subraye la pareja de formas que, en caso de ser girada, podría representar la misma forma.

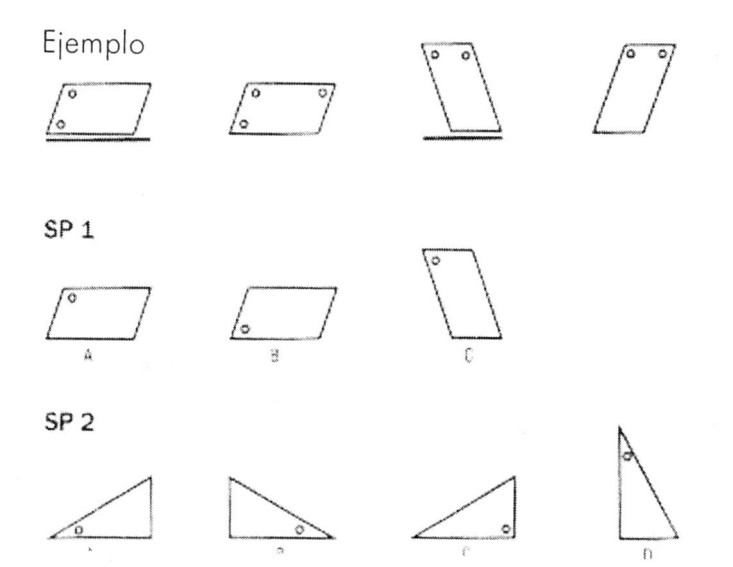

Ejemplo

SP 1

SP 2

Formas reflejadas

En cada una de las siguientes líneas, dos de las figuras representan imágenes espejadas de la misma figura. Subraye dicho par.

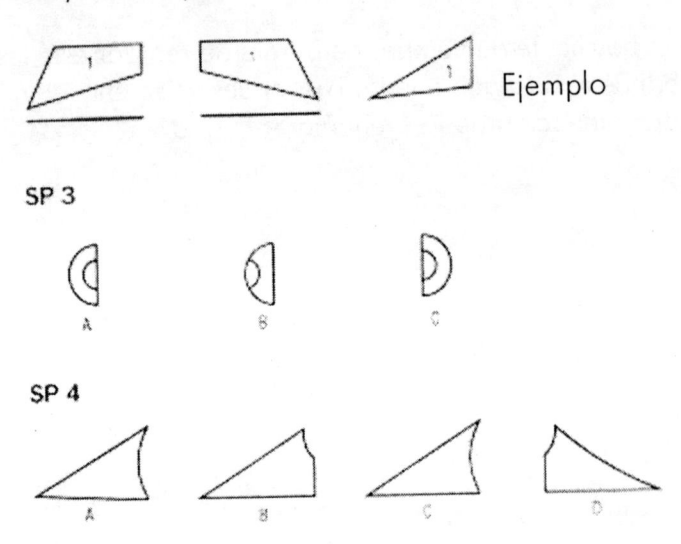

Ejemplo

SP 3

SP 4

Reflejando y girando

Imagine que todas las formas en este set de figuras son hojas transparentes con una gran línea negra en uno de sus bordes y un punto en una esquina. En cada uno de los casos fíjese primero en la figura individual que se encuentra en el extremo izquierdo de cada hilera. Si dicha figura fuera levantada del papel, dada vuelta, reapoyada en el papel y girada «de pies a cabeza» se parecería a una de las formas indicadas con una letra a la derecha de la figura original. Escriba en el círculo provisto al final de cada hilera la letra que indica la forma correcta.

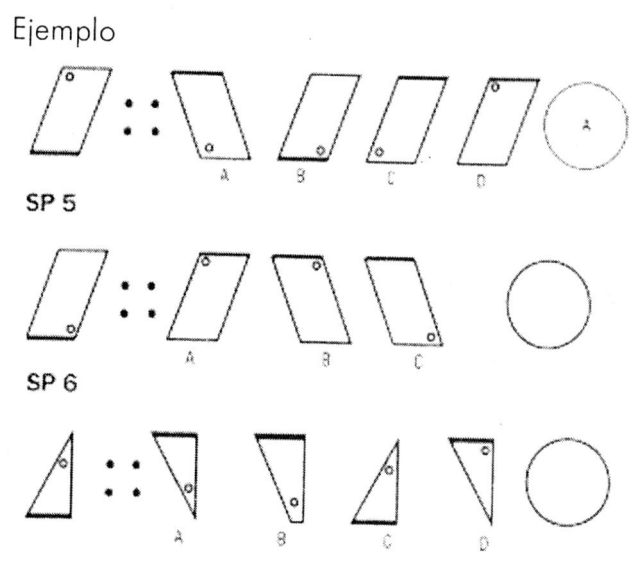

Ejemplo

SP 5

SP 6

La rueda

En cada caso expuesto a continuación, dos de las tres figuras dispuestas a la izquierda de cada fila representan la misma forma girada, como sobre una rueda, pero no dada vuelta. Subraye en las figuras de la derecha dos de las formas que sean las versiones relacionadas con el par de la izquierda.

Ejemplo

SP 7

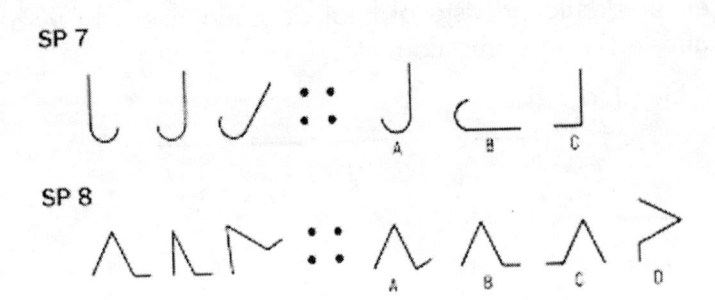

∪ ⌣ ✓ :: ⌣ ⌣ ⌣
         A   B   C

SP 8

∧ ∧ ⋀ :: ∧ ∧ ∧ ⋁
          A B C D

Sombras

Las figuras rotuladas con una letra en la fila superior pueden ser utilizadas para formar la sombra exhibida debajo. Escriba una o más letras en el paréntesis ubicado a la derecha de la sombra para indicar cuál o cuáles de las figuras rotuladas pueden ser utilizadas para formar dicha sombra.

Ejemplo

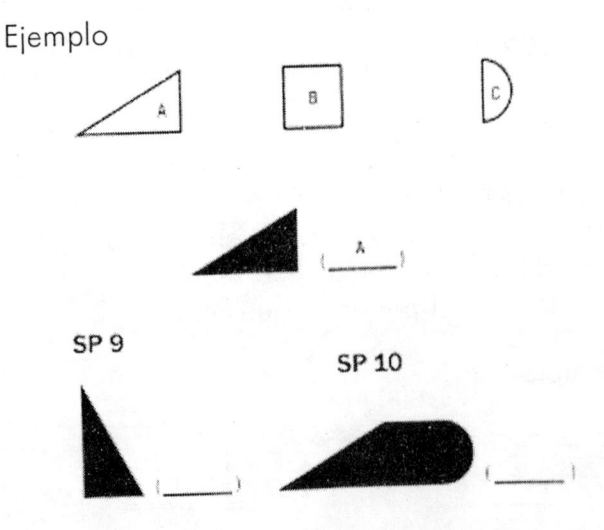

(A)

SP 9   (___)

SP 10 (___)

Serie de formas (o continuando)

Las figuras de la izquierda conforman una serie. ¿Cuál de las formas de la derecha continúa la serie? Escriba en el círculo la letra correspondiente a la figura que considere la correcta.

Ejemplo

SP 11

SP 12

Contando

Cada uno de estos diagramas representa una pila de sólidos cubos todos de igual tamaño y forma. Si uno de los cubos no se encuentra sostenido por otros, está claramente indicado en el dibujo. Algunos de estos bloques están marcados con letras. En la columna con letras de la derecha indique con números la cantidad de cubos que tocan a aquel rotulado por dicha letra. Tenga en cuenta que debe estar en contacto la totalidad de uno de los lados. En el ejemplo, los bloques A y B están en contacto con otros 3 cubos cada uno. Realice ahora la SP13, completando la cantidad de caras que entran en contacto con los cubos A, B y C.

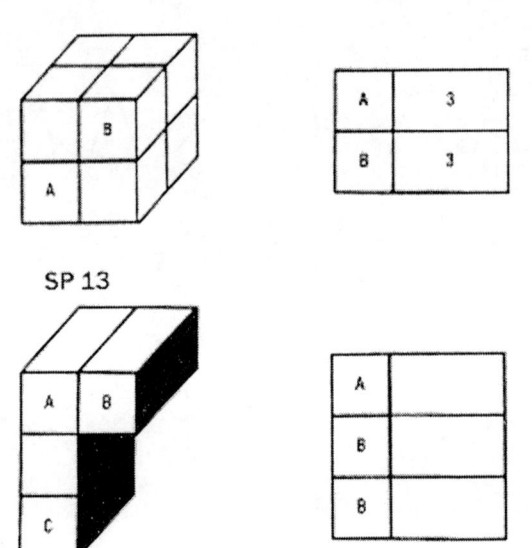

Ejemplo

A	3
B	3

SP 13

A	
B	
B	

Visualización

Sobre algunas de las caras de estos cubos se han realizado diseños. No hay diseños que aparezcan repetidos en la cara de más de un cubo. En cada uno de los cubos se han dejado dos caras en blanco.
En cada fila algunos de los dibujos son el mismo cubo dado vuelta. Si un cubo puede ser el mismo que otro, asuma que lo es. Indique en el círculo provisto al final

de cada fila, cuántos tipos de cubos diferentes hay por hilera. En el ejemplo, el segundo y el tercer dibujo representan el mismo cubo dado vuelta.

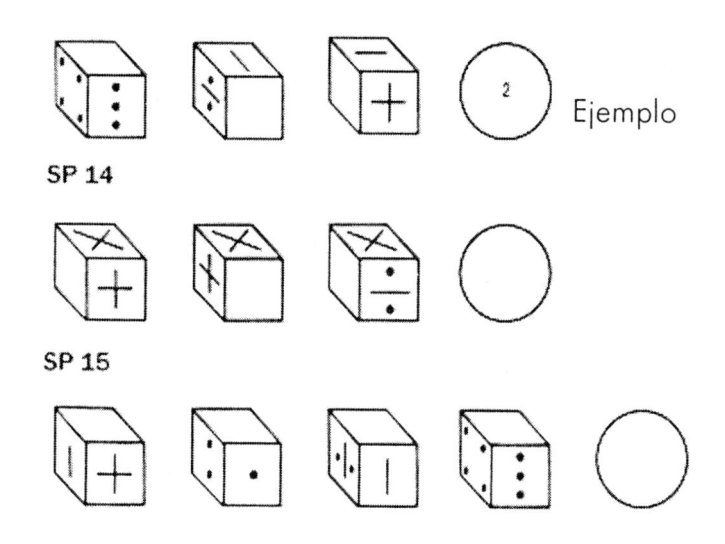

Ejemplo

SP 14

SP 15

Analogías

En cada fila la primera forma está relacionada con la segunda de la misma manera en que la tercera forma se relaciona con la cuarta. Subraye la forma que considere corresponde a la cuarta figura.

Ejemplo

A es a ⊳ como B es a ⍐ ⍖ ᗷ

SP 16 ⬜ es a ◇ como ⊥ es a A B C

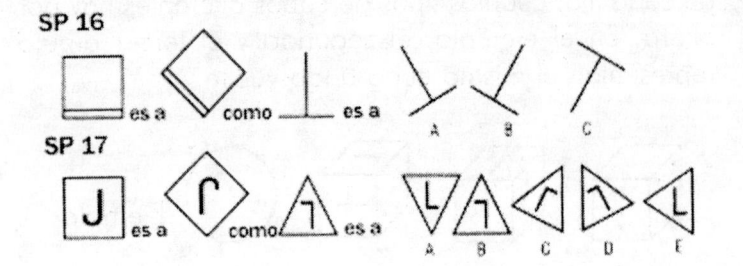

SP 17 J es a ◇ como △ es a A B C D E

RESPUESTAS DEL TEST ESPACIAL DE PRÁCTICA

SP 1. B, C.
SP 2. A, D.
SP 3. A, C.
SP 4. B, D.
SP 5. B.
SP 6. A.
SP 7. A, B.
SP 8. B, D.
SP 9. A.
SP 10. A, B, C.
SP 11. C (la línea tiene dos puntos, un triángulo tres, un cuadrado cuatro y un pentágono cinco).
SP 12. D (el puntito se mueve en dirección de las agujas del reloj alrededor de sucesivos cuadrantes).
SP 13. A2, B1, C1.
SP 14. 1.
SP 15. 2 (el 1er y el 3er dibujo representan el mismo cubo y el 2do y el 4to dibujo representan otro cubo diferente).
SP 16. B (las formas se encuentran inclinadas hacia la derecha en un ángulo de 45°).
SP 17. E (las líneas externas de la segunda y cuarta figura se inclinan 45° mientras que las formas internas han sido giradas hasta colocarlas al revés).

TEST ESPACIAL A

Comience a trabajar con el tiempo exacto. Debe responder 50 preguntas en media hora. Las respuestas se hallan en las páginas 131 a 149.

Girando

En cada uno de los casos debajo expuestos subraye la pareja de formas que, en caso de ser girada, podría representar la misma forma.

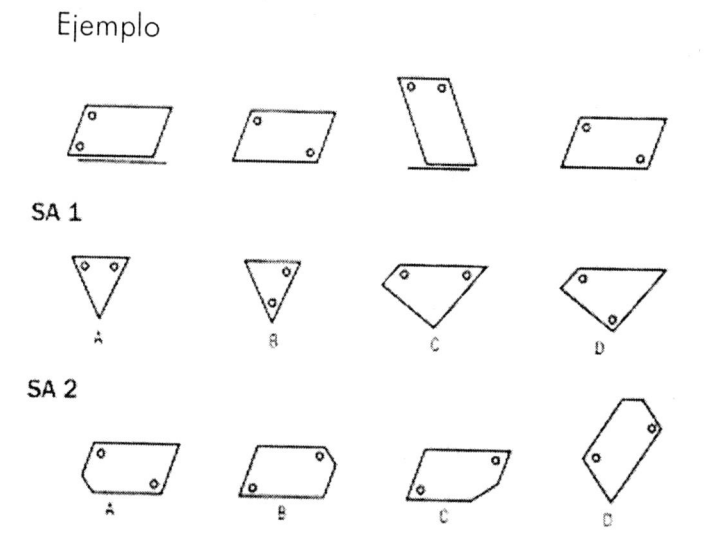

Ejemplo

SA 1

A   B   C   D

SA 2

A   B   C   D

SA 3

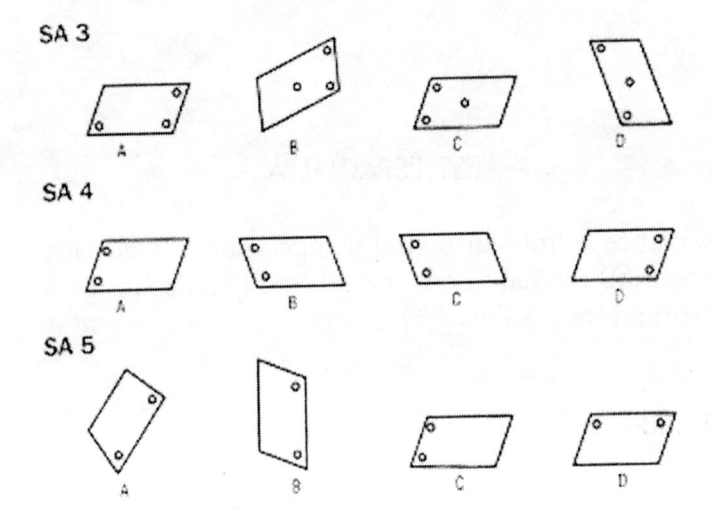

SA 4

SA 5

Formas reflejadas

En cada una de las siguientes líneas, dos de las figuras representan imágenes espejadas de la misma figura. Subraye dicho par.

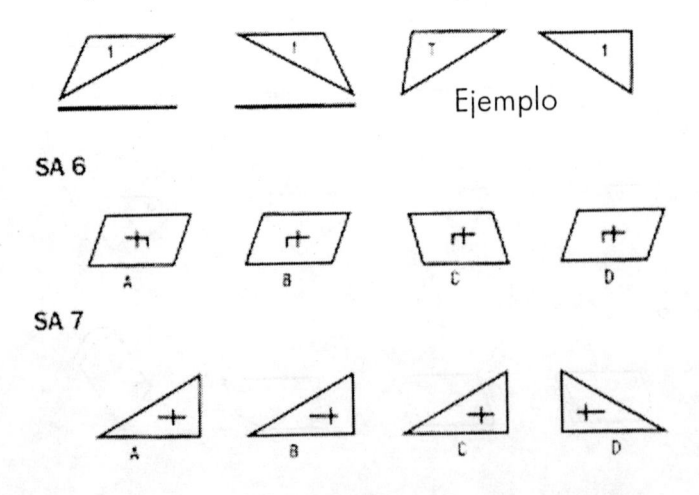

Ejemplo

SA 6

SA 7

SA 8

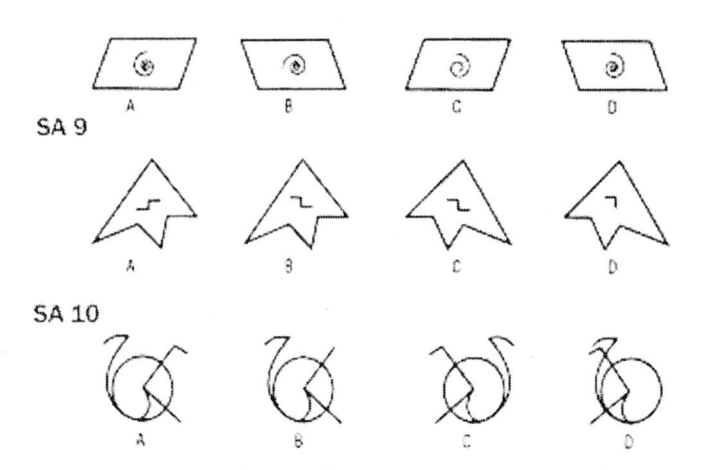

SA 9

SA 10

Reflejando y girando

Imagine que todas las formas en este set de figuras son hojas transparentes con una gran línea negra en uno de sus bordes y un punto en una esquina. Una de las formas del set dispuesto a la derecha representa la figura de la izquierda, dada vuelta como un panqueque y puesta con el lado de arriba para abajo. Determine cuál es dicha forma y escriba su letra en el círculo en blanco.

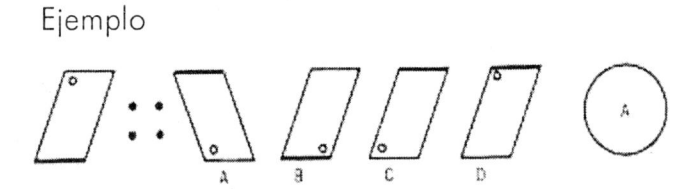

Ejemplo

SA 11

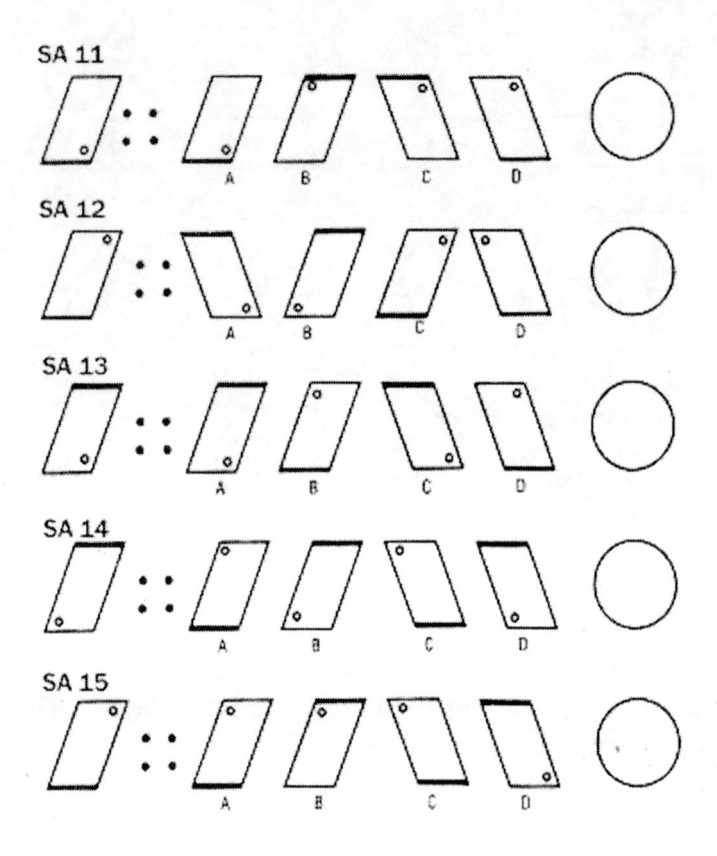

SA 12

SA 13

SA 14

SA 15

La rueda

En cada caso expuesto a continuación, dos de las tres figuras dispuestas a la izquierda de cada fila representan la misma forma, girada pero no dada vuelta. Subraye dos de las formas que sean las versiones rotadas del par de la izquierda.

Ejemplo

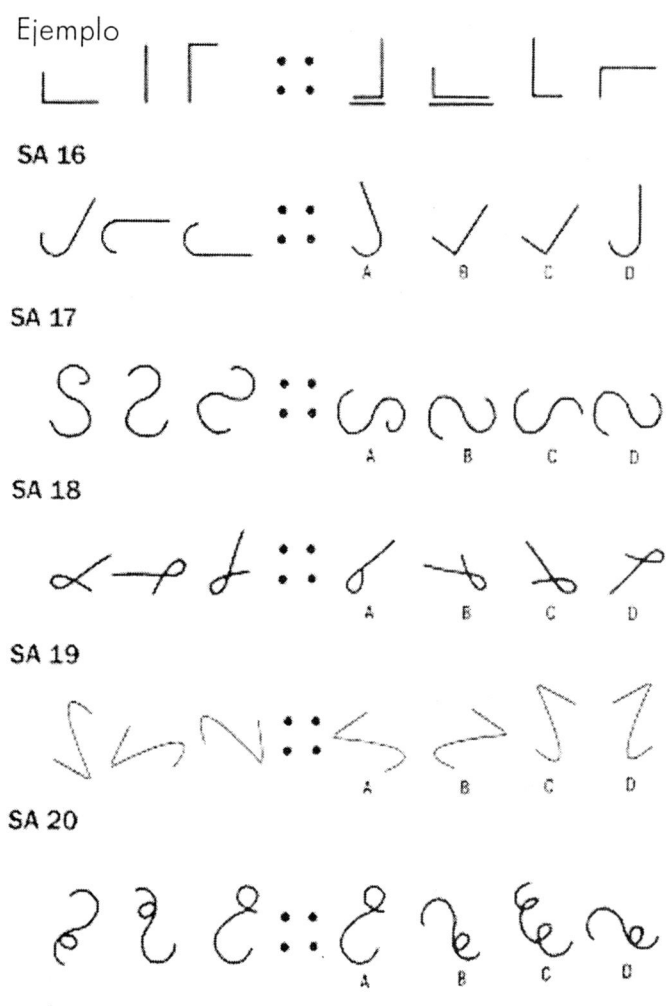

SA 16

SA 17

SA 18

SA 19

SA 20

Sombras

Las figuras rotuladas con una letra en la fila superior pueden ser utilizadas para formar la sombra exhibida

111

debajo. Escriba una o más letras en el paréntesis ubicado debajo de cada sombra para indicar cuál o cuáles de las figuras rotuladas pueden ser utilizadas para formar dicha sombra.

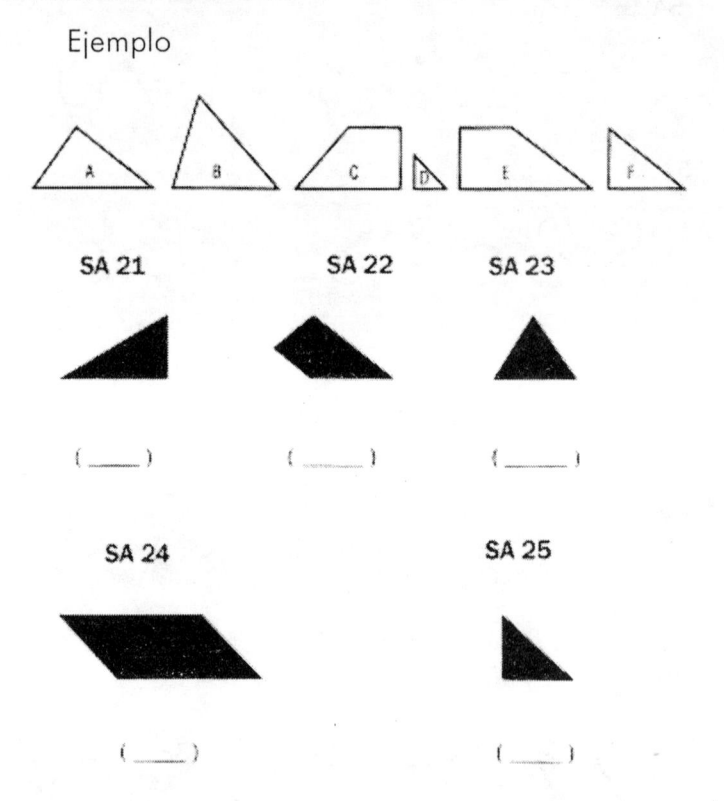

Ejemplo

SA 21   SA 22   SA 23

(___)   (___)   (___)

SA 24   SA 25

(___)   (___)

Serie de formas (o continuando)

Las figuras de la izquierda conforman una serie. ¿Cuál de las formas de la derecha continua la serie? Escriba en el círculo la letra correspondiente a la figura que considere la correcta.

Ejemplo

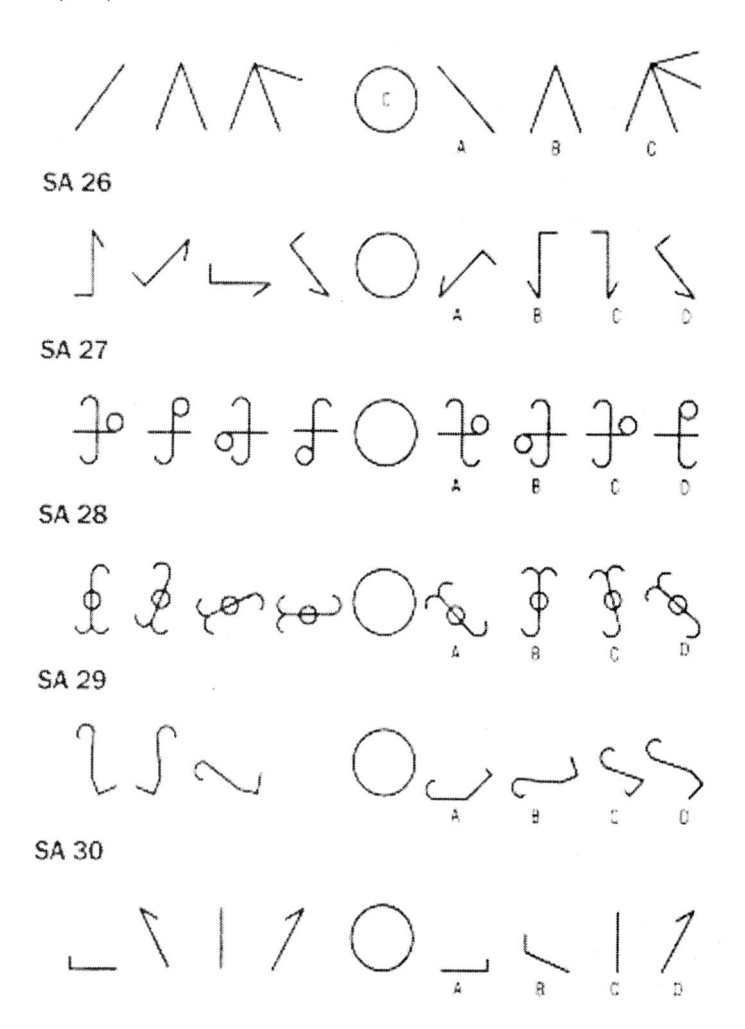

SA 26

SA 27

SA 28

SA 29

SA 30

Contando

Las pilas de bloques debajo mostradas son sólidas. Si uno de los cubos no se encuentra sostenido por otros, está claramente indicado en el dibujo. Cada diagrama representa una pila de bloques exactamente iguales entre sí. En la columna con letras de la derecha, indique con números la cantidad de cubos que tocan a aquel rotulado por cada letra. Una de las caras enteras, y no solo un borde, debe estar tocando al cubo indicado. Las primeras letras ya han sido completadas con números a manera de ejemplo, mostrando cómo el cubo A está en contacto con otros tres cubos.

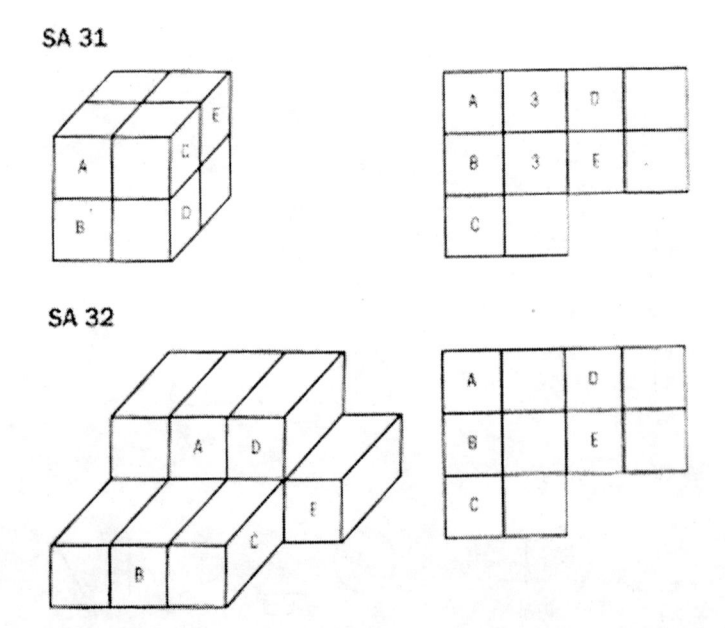

SA 31

A	3	D	
B	3	E	
C			

SA 32

A		D	
B		E	
C			

SA 33

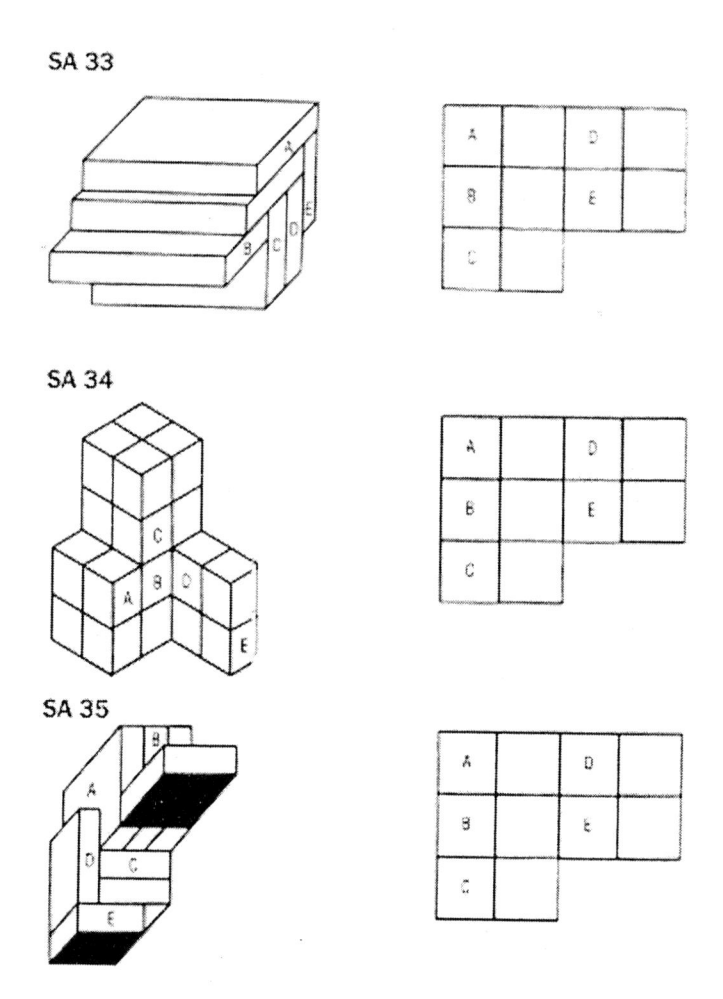

SA 34

SA 35

Visualización

Sobre algunas de las caras de estos cubos se han realizado diseños. No hay diseños que aparezcan repetidos en la cara de más de un cubo. En cada uno de los cubos se han dejado dos caras en blanco.

En cada fila algunos de los dibujos son el mismo cubo dado vuelta. Si un cubo puede ser el mismo que otro, asuma que lo es. Indique en el círculo provisto al final de cada fila, cuántos tipos de cubos diferentes hay por hilera. En el ejemplo, el segundo y el tercer dibujo representan el mismo cubo dado vuelta.

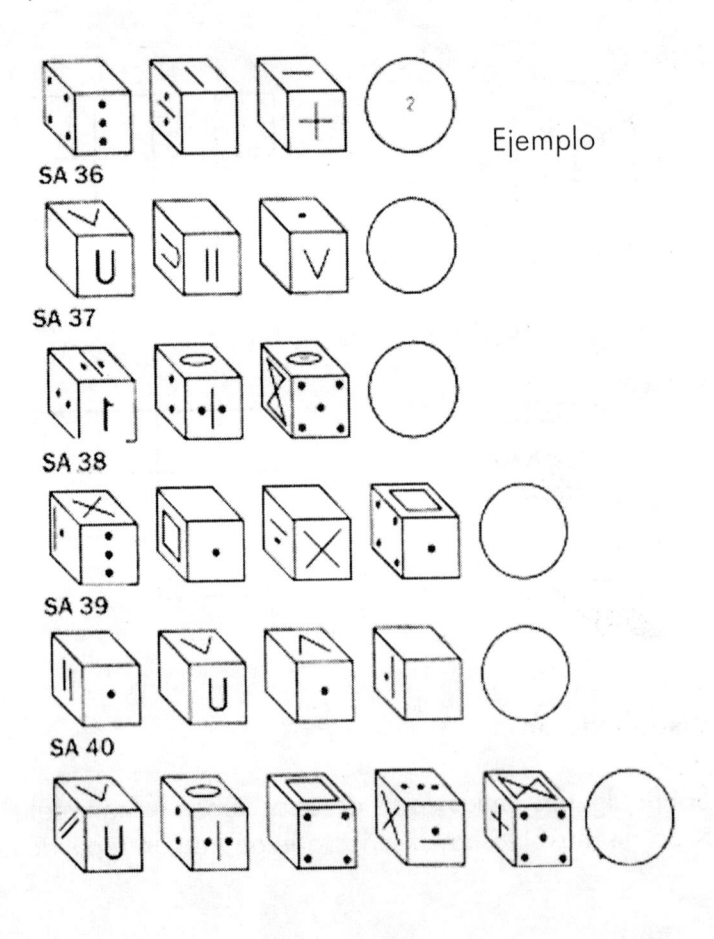

SA 36 — Ejemplo

SA 37

SA 38

SA 39

SA 40

Analogías

En cada fila la primera forma está relacionada con la segunda de la misma manera en que la tercera forma se relaciona con la cuarta. Subraye la forma que considere corresponde a la cuarta figura.

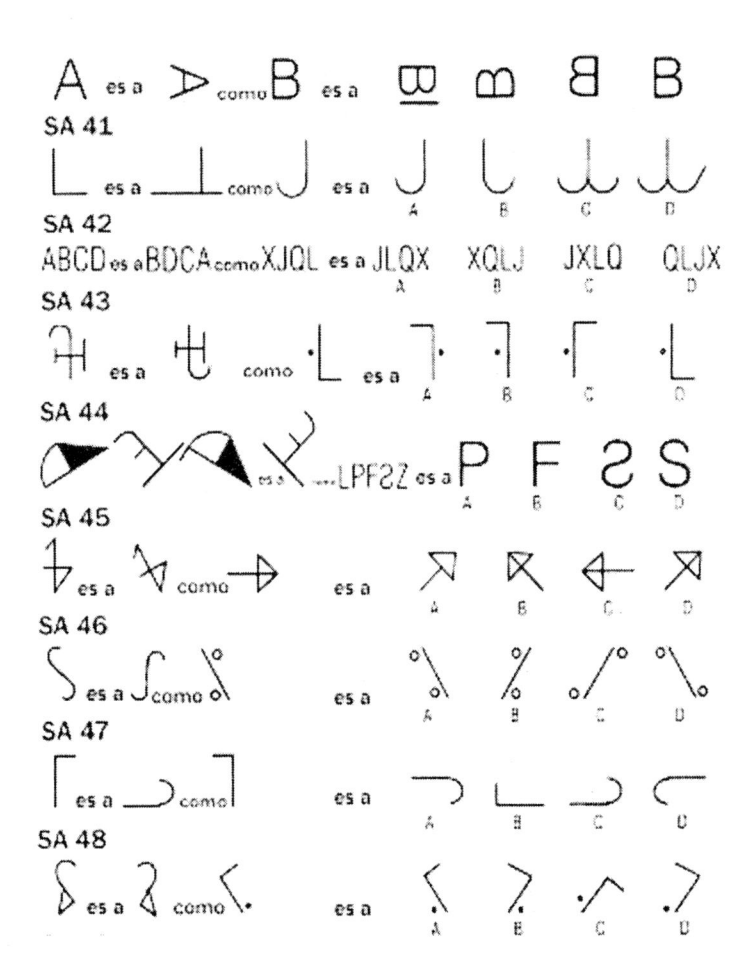

SA 41

SA 42

SA 43

SA 44

SA 45

SA 46

SA 47

SA 48

SA 49
→ es a ↑. como ·⎤   es a   ·⎤ ⎡· ·⎡ ⎤·
                              A   B C D

SA 50
·↑ es a ↖ como ⌐·   es a   ·/ ·⟨ ⤯· ⟩·
                              A   B C C

Fin del test. Puede ahora controlar su trabajo hasta que finalice el tiempo predeterminado. Respuestas: páginas 131 a 149.

TEST ESPACIAL B

Comience a trabajar con el tiempo exacto. Debe responder 50 preguntas en media hora. Las respuestas se hallan en las páginas 131 a 149.

Girando

En cada uno de los casos debajo expuestos subraye la pareja de formas que, en caso de ser girada, podría representar la misma forma.

Ejemplo

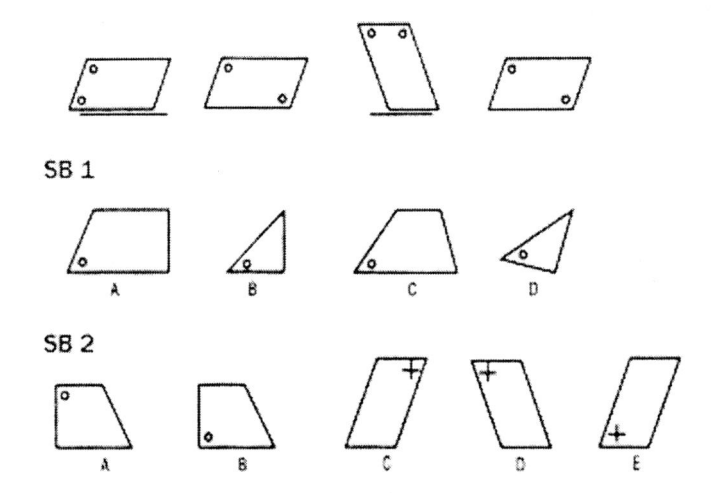

SB 1

SB 2

SB 3

SB 4

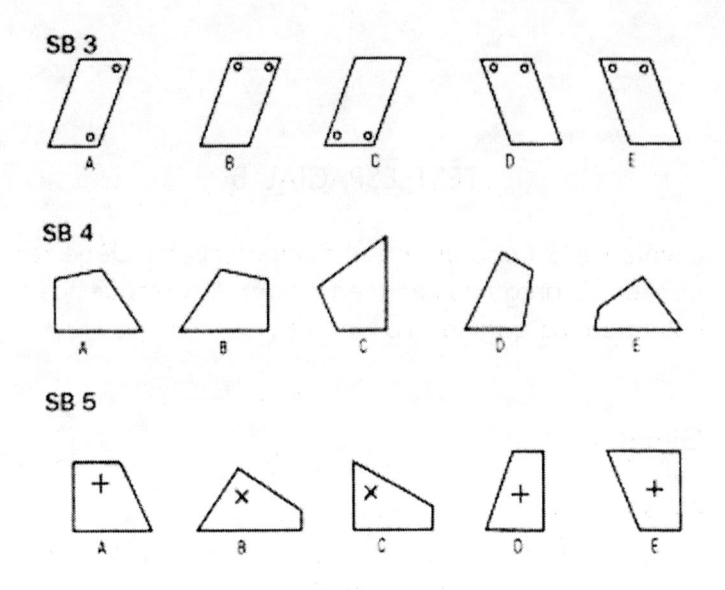

SB 5

Formas reflejadas

En cada una de las siguientes líneas, dos de las figuras representan imágenes espejadas de la misma figura. Subraye dicho par.

Ejemplo

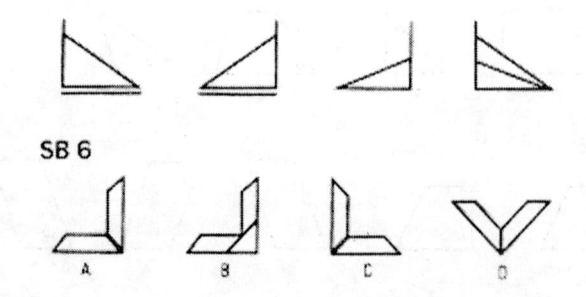

SB 6

SB 7

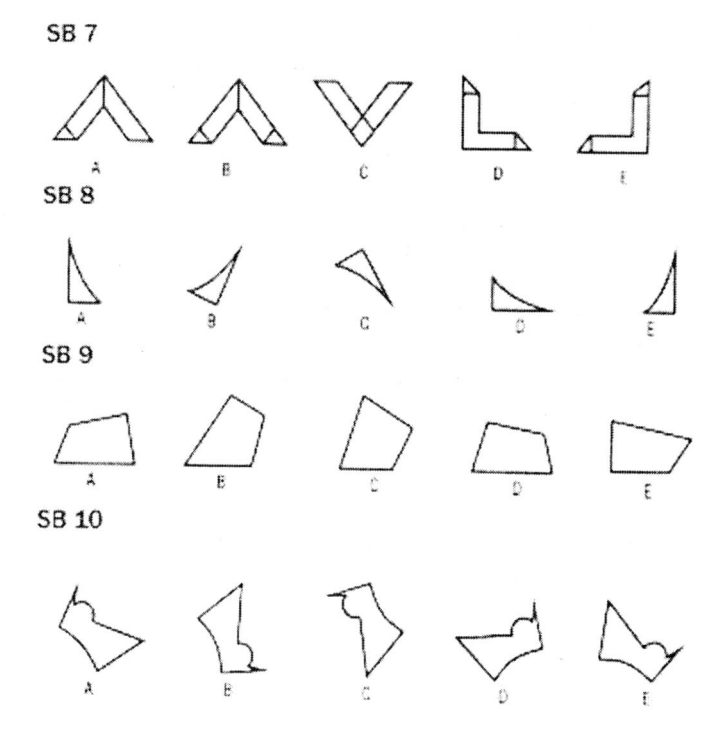

A   B   C   D   E

SB 8

A   B   C   D   E

SB 9

A   B   C   D   E

SB 10

A   B   C   D   E

Reflejando y girando

Imagine que todas las formas en este set de figuras son hojas transparentes con una gran línea negra en uno de sus bordes y un punto en una esquina. Una de las formas del set dispuesto a la derecha representa la figura de la izquierda, dada vuelta como un panqueque y puesta con el lado de arriba para abajo. Determine cuál es dicha forma y escriba su letra en el círculo en blanco.

Ejemplo

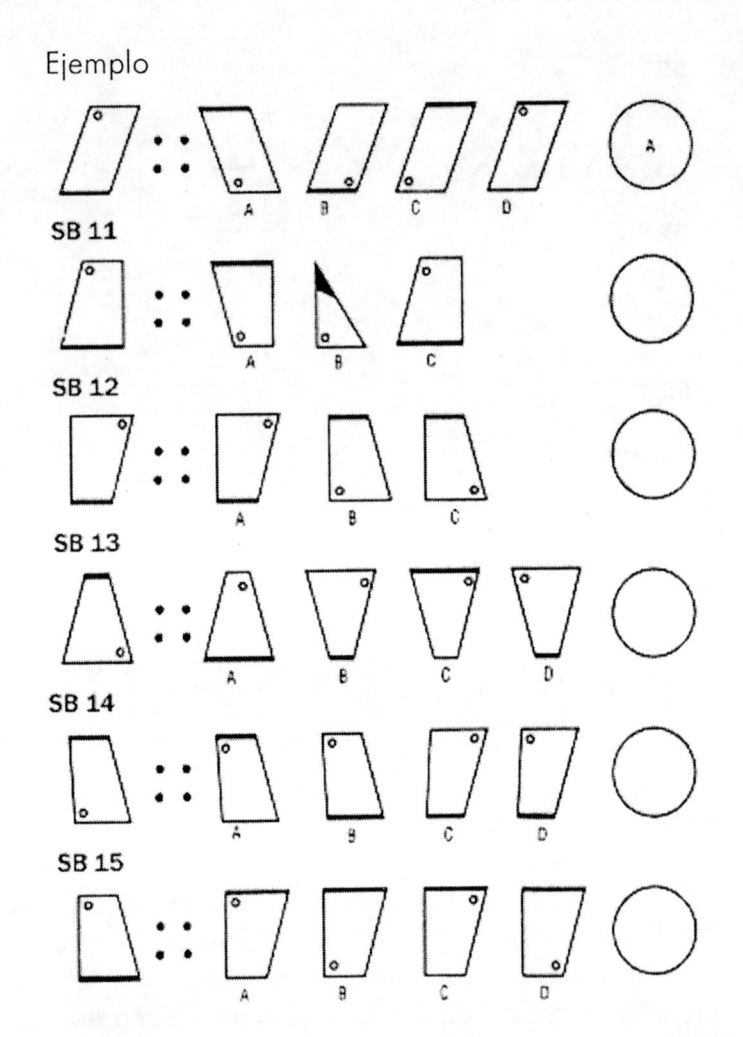

SB 11

SB 12

SB 13

SB 14

SB 15

La rueda

En cada caso expuesto a continuación, dos de las tres figuras dispuestas a la izquierda de cada fila representan la misma forma girada pero no dada vuelta. Subraye dos de las formas que sean las versiones rotadas del par de la izquierda.

Ejemplo

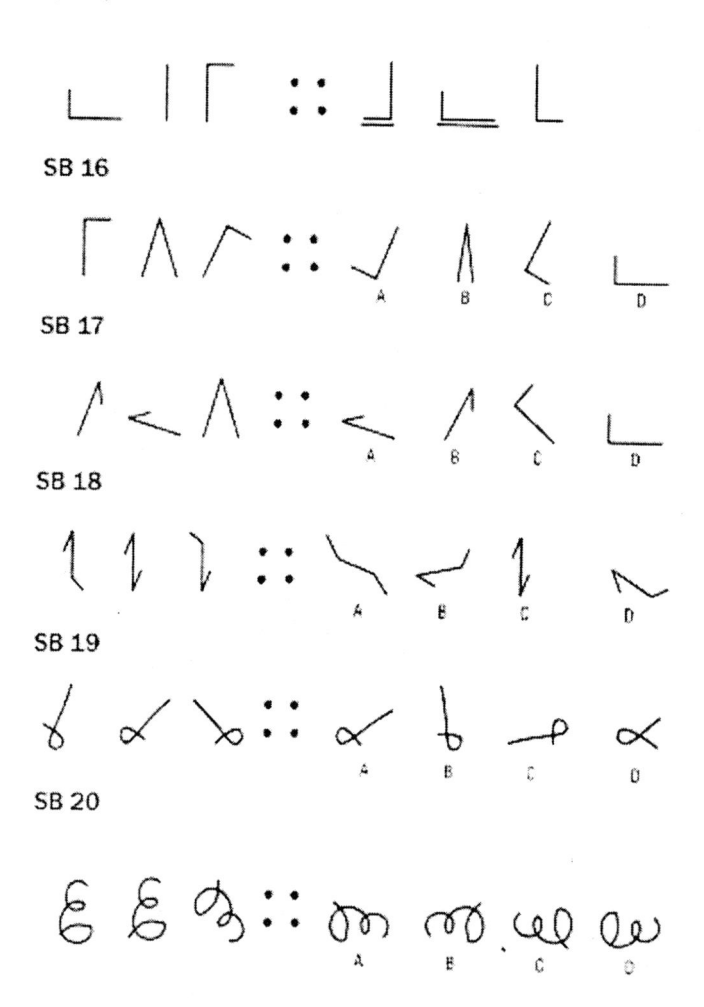

SB 16

SB 17

SB 18

SB 19

SB 20

Sombras

Las figuras rotuladas con una letra en la fila superior pueden ser utilizadas para formar la sombra exhibida debajo. Escriba una o más letras en el paréntesis ubicado debajo de cada sombra para indicar cuál o cuáles de las figuras rotuladas pueden ser utilizadas para formar dicha sombra.

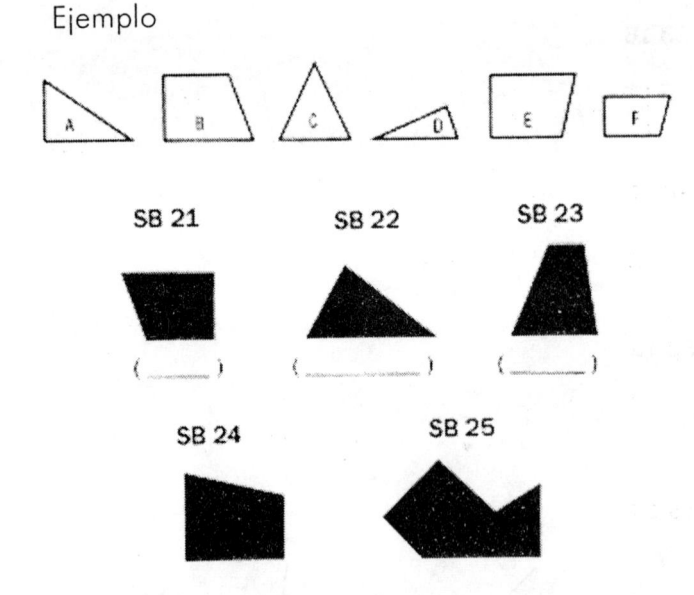

Ejemplo

SB 21   SB 22   SB 23

(_____)   (_____)   (_____)

SB 24   SB 25

(_____)   (_____)

Serie de formas

Las figuras de la izquierda conforman una serie. ¿Cuál de las formas de la derecha continua la serie? Escriba en el círculo la letra correspondiente a la figura que considere la correcta.

Ejemplo

SB 26

SB 27

SB 28

SB 29

SB 30

125

Contando

Las pilas de bloques debajo mostradas son sólidas. Si uno de los cubos no se encuentra sostenido por otros, está claramente indicado en el dibujo. Cada diagrama representa una pila de bloques exactamente iguales entre sí. Algunos de los cubos se encuentran rotulados con una letra. En la columna con letras de la derecha indique con números la cantidad de cubos que tocan a aquel rotulado por cada letra. Una de las caras enteras, y no solo un borde, debe estar tocando al cubo indicado. Las primeras letras ya han sido completadas con números a manera de ejemplo, mostrando cómo el cubo A está en contacto con otros tres cubos.

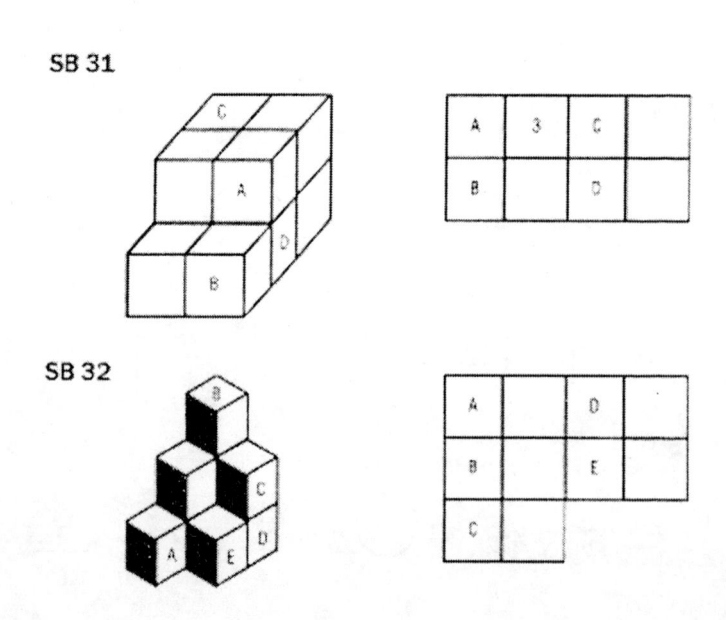

SB 31

A	3	C	
B		D	

SB 32

A		D	
B		E	
C			

SB 33

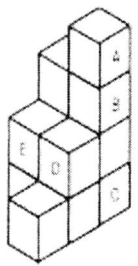

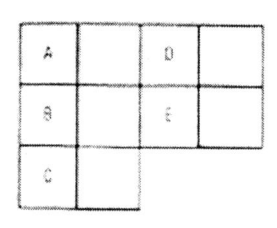

SB 34

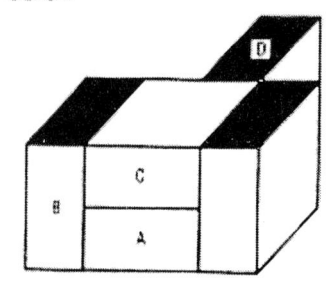

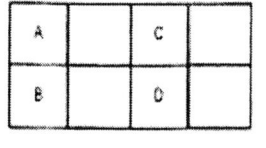

SB 35

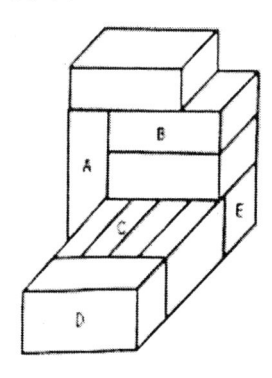

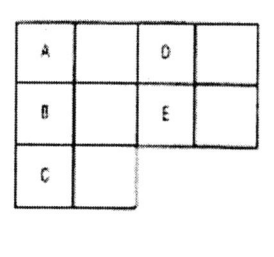

127

Visualización

Sobre algunas de las caras de estos cubos se han realizado diseños. No hay diseños que aparezcan repetidos en la cara de más de un cubo. En cada uno de los cubos se han dejado dos caras en blanco.
En cada fila algunos de los dibujos son el mismo cubo dado vuelta. Si un cubo puede ser el mismo que otro, asuma que lo es. Indique en el círculo provisto al final de cada fila, cuántos tipos de cubos diferentes hay por hilera. En el ejemplo, el segundo y el tercer dibujo representan el mismo cubo dado vuelta.

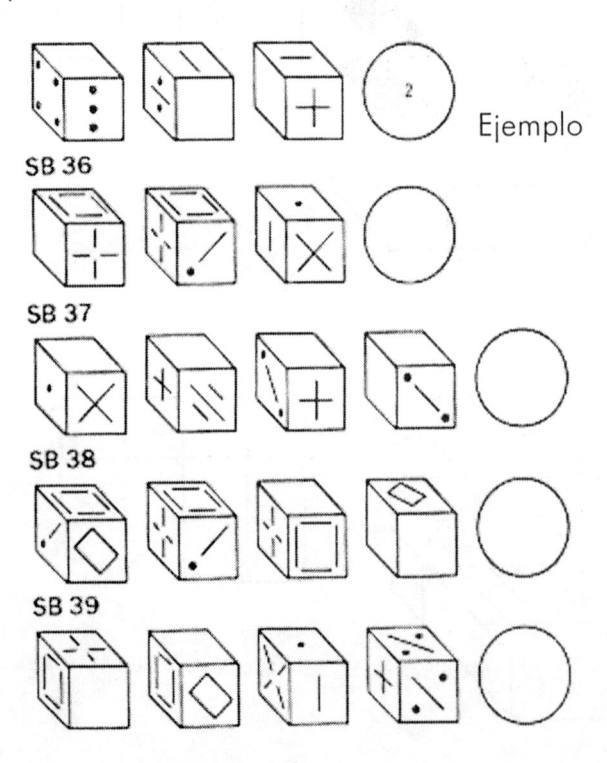

Ejemplo

SB 36

SB 37

SB 38

SB 39

SB 40

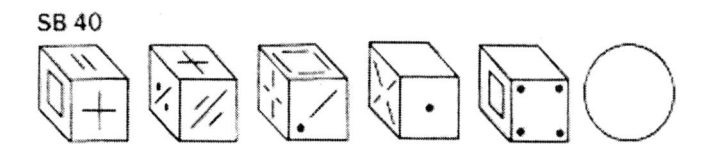

Analogías

En cada fila la primera forma está relacionada con la segunda de la misma manera en que la tercera forma se relaciona con la cuarta. Subraye la forma que considere corresponde a la cuarta figura.

SB 41

SB 42

SB 43

SB 44

SB 45

SB 46

SB 47

129

SB 48

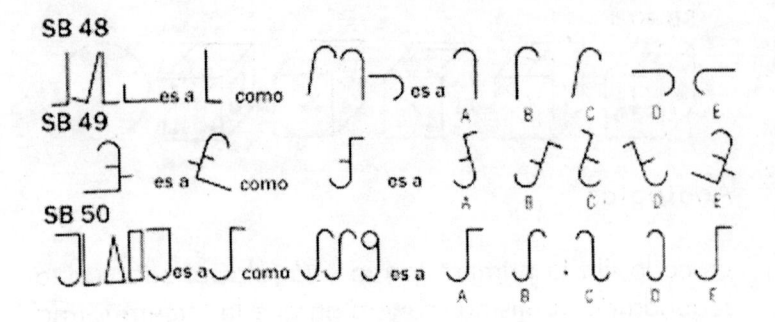

SB 49

SB 50

Fin del test. Puede ahora controlar su trabajo hasta que finalice el tiempo predeterminado. Respuestas: páginas 131 a 149.

RESPUESTAS

RESPUESTAS DEL TEST VERBAL A

VA 1: guantes, manos.
VA 2: líder, seguidor (en la operación de costura, el hilo sigue a la aguja).
VA 3: regocijo, lamento (antónimos).
VA 4: ventana, vista (el piso provee apoyo mientras que la ventana permite la vista).
VA 5: ojos, ventana (los párpados cubren los ojos como las cortinas cubren las ventanas).
VA 6: divulgar, revelar.
VA 7: bendición, unción.
VA 8: innovaciones, novedades.
VA 9: relato, cuento.
VA 10: penar, castigar.
VA 11: F (igualmente).
VA 12: C (disminuya).
VA 13: L (escribir).
VA 14: D (público).
VA 15: E (memoria).
VA 16: H (a menos que).
VA 17: G (nueva).
VA 18: I (olvidadizas).
VA 19: K (mérito).
VA 20: B (fama).
VA 21: león marino, ballena (son mamíferos mientras que los otros son peces).

VA 22: paño, láminas de estaño (las otras están hechas con fibras comprimidas).
VA 23: flecha, dardo (las otras se usan en la mano).
VA 24: teléfono, telégrafo (los otros *aumentan* el objeto).
VA 25: amor, miedo (los restantes se perciben con los sentidos).
VA 26: tomar.
VA 27: fino.
VA 28: culto.
VA 29: ligero.
VA 30: pendiente.
VA 31: negar, afirmar.
VA 32: velado, expuesto.
VA 33: franco, sigiloso.
VA 34: agravar, mejorar.
VA 35: primordial, último.
VA 36: soy.
VA 37: usualmente.
VA 38: poco.
VA 39: vapor.
VA 40: medio.
VA 41: vivaz, flemático (opuestos).
VA 42: objeción, reparo (sinónimos).
VA 43: tenaz, irresoluto (opuestos).
VA 44: literal, verdadero (sinónimos).
VA 45: pila, agujero (opuesto).
VA 46: egoísta.
VA 47: intrepidez.
VA 48: discordia.
VA 49: presente.
VA 50: yema.

RESPUESTAS DEL TEST VERBAL B

VB 1: padre, niño.
VB 2: cara, ojo.
VB 3: centro, perímetro.
VB 4: nube, carbón (una se encuentra muy por arriba de la tierra y el otro dentro de ella).
VB 5. estatua, mármol (ejemplos de forma y contenido).
VB 6: rayo, haz.
VB 7: recolectar, recoger.
VB 8: haragán, indolente.
VB 9: divertir, entretener.
VB 10: bucólico, rústico.
VB 11: D (ninguno).
VB 12: J (cielo).
VB 13: E (individualidad).
VB 14: F (desuso).
VB 15: H (sugiere).
VB 16: L (pares).
VB 17: I (motive).
VB 18: K (conducta).
VB 19: B (distraídos).
VB 20: C (juicios).
VB 21: aguja, lanza (las restantes palabras de la serie indican objetos cuyos lados son filosos).
VB 22: disgusto, miedo (emociones, las restantes son virtudes).
VB 23: prosodia, filosofía (aspectos de cultura literaria, las otras son ciencias).
VB 24: colador, hacha (estas separan cosas mientras que las otras las unen).

VB 25: recepcionista, psiquiatra (su trabajo consiste en tratar con personas, mientras que los demás trabajan con objetos).
VB 26: refrigerador.
VB 27: cerca.
VB 28: término.
VB 29: detener.
VB 30: disciplina.
VB 31: hora.
VB 32: dentro.
VB 33: esferoide (ovoide significa con forma de huevo, esferoide es la forma de la tierra).
VB 34: presente.
VB 35: compañero.
VB 36: acortar, extender.
VB 37: intenso, difuso.
VB 38: molestar, tranquilizar.
VB 39: relacionar, desconectar.
VB 40: ingobernable, obediente.
VB 41: cintura.
VB 42: mediodía.
VB 43: tres (los puntos no tienen dimensiones, los cubos tienen tres dimensiones y las líneas una).
VB 44: blanco (el negro no refleja ningún color, el blanco los refleja todos y el rojo es uno de los colores).
VB 45: ombligo (aproximadamente el centro del cuerpo).
VB 46: confiable, fiable (sinónimos).
VB 47: aplicable, apto (sinónimos).
VB 48: relegar, promover (opuestos).
VB 49: brillante, luminoso (sinónimos).
VB 50: elucubrar, tramar (sinónimos).

RESPUESTAS DEL TEST NUMÉRICO A

NA 1: 4.
NA 2: -17.
NA 3: 0,5 o ½.
NA 4: 2.
NA 5: 1/128.
NA 6: 2 (divida el número de la cola por la suma de los números en las alas).
NA 7: 11 (multiplique el número de las alas entre sí y luego sume el número de la cola).
NA 8: 48 (doble el número anterior).
NA 9: 16 (cada número es igual a 2/3 del anterior).
NA 10: 33 (sume a cada número sucesivo una cantidad equivalente al doble de la diferencia entre el par de números previos).
NA 11: 31 (adicione seis).
NA 12: 49 (los números son, respectivamente, los cuadrados de 3, 4, 5, 6 y 7).
NA 13: 9 (sume los cuadrados superiores y reste los inferiores).
NA 14: 2 (multiplique los números de los cuadrados inferiores y reste aquellos en los cuadrados inferiores).
NA 15: 11 (sume los números externos a los paréntesis para obtener los números internos como resultado).
NA 16: 9 (multiplique los números externos para obtener los internos como resultado).
NA 17: 112 (el número interno es el cuadrado de la diferencia entre los números externos).
NA 18: 168 (el número interno es el factor común mayor de los números externos).

NA 19: 656 (el número interno es el doble de la suma total de los números externos al paréntesis).

NA 20: 2 (los números opuestos dan como resultado 13).

NA 21: 2 (el producto de los números opuestos es 24).

NA 22: 41 (cada número es 6 veces menor que su predecesor).

NA 23: 19 (cada número es 7 veces menor que su predecesor).

NA 24: 189 (cada número es 27 veces menor que su predecesor).

NA 25: 17 (cada número es la mitad del número que lo precede luego de que a este se le ha sumado 1).

NA 26: 10 (cada número es el doble del precedente menos 2).

NA 27: 20 (la primera columna más la segunda da como resultado la tercera. La primera fila más la segunda da como resultado la tercera fila).

NA 28: 240 (tanto en las filas como en las columnas el tercer número es el producto de la multiplicación del primer y el segundo número).

NA 29: 5 (los primeros dos números menos el tercero dan como resultado el cuarto).

NA 30: 1 (el producto de los dos primeros números menos el tercero da como resultado el cuarto).

NA 31: 3 (sume el segundo y el tercer número, réstele el primero y obtendrá como resultado el cuarto).

NA 32: 5 (multiplique los dos primeros números y sume el tercero).

NA 33: 3 (multiplique las dos primeras cifras y divida el resultado por la tercera).

NA 34: 12 (tanto en las filas como en las columnas el tercer número es el producto de la multiplicación del primer y el segundo número).

NA 35: 2 (tanto en las filas como en las columnas el tercer número es el producto de la división del primero por el segundo número).

NA 36: 5 (la suma de los números en los triángulos da el resultado).

NA 37: 2 (la diferencia entre los números de los triángulos es el resultado).

NA 38: 12 (el producto de los números en el triángulo y en el cuadrado).

NA 39: 1 (el número en el triángulo dividido por el número del círculo).

NA 40: 4 (sume los números en los triángulos, reste los números en los triángulos invertidos).

NA 41: 6 (multiplique los números en el triángulo y en el cuadrado y divida el resultado por el número en el círculo).

NA 42: 4 (la suma de los números opuestos es 18).

NA 43: 36 (los números opuestos multiplicados entre sí dan 36).

NA 44: 9, 15 (el primer número de cada dominó es dos veces mayor y el segundo tres veces mayor que en el dominó anterior).

NA 45: 8, 24 (el primer número de cada dominó es dos veces mayor y el segundo seis veces mayor que en el dominó anterior).

NA 46: 22, 24 (el segundo número de cada dominó es el doble del anterior, y el primer número es dos veces menos que el segundo).

NA 47: 4690, 4687 (el primer número de cada dominó es el producto de los números del dominó anterior; el segundo número es tres menos).

NA 48: 7, 343 (los primeros números del dominó es la serie natural de número impares y los segundos son los respectivos cubos).

NA 49: 6.

NA 50: 126.

RESPUESTAS DEL TEST NUMÉRICO B

NB 1: 3.
NB 2: -11.
NB 3: 1,2.
NB 4: 4.
NB 5: 4/9.
NB 6: 43 (multiplique los números en las alas y sume el de la cola).
NB 7: 12 (multiplique el número de las alas entre sí y luego reste el número de la cola).
NB 8: 162 (cada número es el triple que el anterior).
NB 9: 81 (cada número es 3/4 del anterior).
NB 10: 31 (cada número es el doble del anterior más 1).
NB 11: 34 (cada número es siete veces más que el anterior).
NB 12: 121 (las series son: 7x7, 8x8, 9x9, 10x10 y 11x11).
NB 13: 12 (sume los números superiores y reste los inferiores).
NB 14: 312 (sume los números superiores y reste los inferiores).
NB 15: 13 (el número interno es la suma de externos a los paréntesis).
NB 16: 10 (el número interno es el producto de los externos).
NB 17: 131 (el número interno es 1/3 de la diferencia entre los números externos).
NB 18: 75 (el número interno es ¼ de la suma de los otros).

NB 19: 121 (el número interno es el factor común más grande de los externos).

NB 20: 8 (los números opuestos dan como resultado 17).

NB 21: 1 (el producto de los números opuestos es 48).

NB 22: 38 (cada número es 7 veces menor que su predecesor).

NB 23: 27 (cada número es 8 veces menor que su predecesor).

NB 24: 364 (cada número es 26 veces menor que su predecesor).

NB 25: 66 (cada número es 13 veces menor que su predecesor).

NB 26: 29 (cada número es el doble del precedente más 3).

NB 27: 19 (tanto en las columnas como en las filas, el tercer número es el resultado de la suma de los dos anteriores).

NB 28: 180 (tanto en las filas como en las columnas el tercer número es el producto de la multiplicación del primer y el segundo número).

NB 29: 1 (sume los dos primeros números y reste el tercero).

NB 30: 11 (multiplique los dos primeros números y reste el tercero).

NB 31: 1 (sume el primer y el tercer número, réstele el segundo y obtendrá como resultado el cuarto).

NB 32: 12 (multiplique los dos primeros números y sume el tercero).

NB 33: 16 (multiplique las dos primeras cifras y divida el resultado por la tercera).

NB 34: 7 (los números de la columna del medio representan la suma de los otros dos números).

NB 35: 4 (divida los números en la primera columna por los respectivos de la tercera y adicione 1 para obtener los números de la columna del medio).

NB 36: 7 (sume los números en los triángulos).

NB 37: 2 (el número del medio es la diferencia entre los números de los triángulos).

NB 38: 18 (el número del medio es el producto de los otros).

NB 39: 7 (divida el primer número por el tercero).

NB 40: 3 (reste el cuarto número a la suma del primer y el tercer número).

NB 41: 30 (el segundo número es el producto de los otros).

NB 42: 13 (la suma de los números opuestos es 22).

NB 43: 1 (el producto de los números opuestos es 40).

NB 44: 6, 10 (el primer número de cada dominó es una vez mayor y el segundo dos veces mayor que en el dominó anterior).

NB 45: 5, 20 (el primer número de cada dominó es una vez mayor y el segundo cuatro veces mayor que en el dominó anterior).

NB 46: 2, 10 (el primer número de cada dominó es uno menos, y el segundo uno más que el anterior).

NB 47: 16, 4 (el segundo número de cada dominó es uno menos que el dominó anterior, y el primero es el cuadrado del segundo).

NB 48: 15, 16 (el segundo número de cada dominó es dos veces el número del dominó anterior mientras que el primer número es uno menos que el segundo).
NB 49: 60.
NB 50: 42.

RESPUESTAS DEL TEST ESPACIAL A

SA 1: A.
SA 2: A, D.
SA 3: B, C.
SA 4: A, D.
SA 5: B, D.
SA 6: A, C.
SA 7: B, D.
SA 8: A, D.
SA 9: A, C.
SA 10: A, C.
SA 11: C.
SA 12: A.
SA 13: D.
SA 14: C.
SA 15: D.
SA 16: A, D.
SA 17: B, D.
SA 18: B, D.
SA 19: A, C.
SA 20: B, D.
SA 21: A.
SA 22: D.
SA 23: B.
SA 24: E, F.
SA 25: C, D.
SA 26: B.
SA 27: C.
SA 28: D.
SA 29: D.

SA 30: A (las líneas se asemejan a las manillas de un reloj).
SA 31: C3, D3, E3.
SA 32: A3, B3, C2, D2, E1.
SA 33: A2, B2, C3, D3, E3.
SA 34: A3, B5, C4, D3, E2.
SA 35: A4, B4, C5, D4, E2.
SA 36: uno.
SA 37: dos (los primeros dos representan el mismo cubo).
SA 38: dos (la primera y la tercera forma representan el mismo cubo).
SA 39: dos (los primeros tres representan el mismo cubo).
SA 40: tres (los diferentes dibujos *podrían* ser las tres caras opuestas de dos pares y un single, por lo que asumimos que los *son*).
SA 41: D.
SA 42: A.
SA 43: B (la cara principal de la figura ha sido girada de izquierda a derecha y luego colocada en el extremo opuesto).
SA 44: C (la segunda forma es la misma que la forma impar del primer set de figuras).
SA 45: D.
SA 46: C.
SA 47: A.
SA 48: D.
SA 49: B.
SA 50: C.

RESPUESTAS DEL TEST ESPACIAL B

SB 1: B, D.
SB 2: C, E.
SB 3: B, C.
SB 4: A, C.
SB 5: A, E.
SB 6: A, C.
SB 7: D, E.
SB 8: A, E.
SB 9: A, D.
SB 10: A, D.
SB 11: A.
SB 12: C.
SB 13: B.
SB 14: D.
SB 15: B.
SB 16: A, D.
SB 17: A, B.
SB 18: B, D.
SB 19: B, C.
SB 20: A, C.
SB 21: B.
SB 22: A.
SB 23: D, C.
SB 24: E, F.
SB 25: A, B, D.
SB 26: D.
SB 27: A.
SB 28: C.
SB 29: B.

SB 30: C.
SB 31: B2, C3, D4.
SB 32: A1, B1, C2, D3, E2.
SB 33: A1, B3, C3, D3, E3.
SB 34: A4, B2, C4, D2.
SB 35: A5, B3, C5, D4, E6.
SB 36: dos (las dos primeras formas representan el mismo cubo).
SB 37: dos (la primera figura representa un cubo diferente a los restantes).
SB 38: uno.
SB 39: dos (los primeros dos representan el mismo cubo, las segundas dos figuras *podrían*).
SB 40: tres (la primera y la última figura representan el mismo cubo, las otras podrían conformar un par y un single).
SB 41: C (el pie de la forma ha sido girado de un lado al otro).
SB 42: B (la primera y la segunda unidad de la forma cambian de posiciones).
SB 43: C (la última unidad pasa a ser la primera y se transforma en su imagen reflejada).
SB 44: D (la primer aunidad pasa a ser la segunda y se transforma en su imagen reflejada; la última unidad pasa a ser la primera y la segunda pasa a ser la última mientras que se coloca su cabeza boca a abajo.).
SB 45: D (la forma más diferente del grupo es transformada en su imagen espejada).
SB 46: D (descubra la forma cuya cabeza difiere de su base).

SB 47: D (la serie consta de formas que se giran sucesivamente en la dirección de las agujas del reloj).

SB 48: A (descubra la forma que menos semejante al resto en virtud de la lateralidad, o en términos de imágenes reflejadas).

SB 49: C (la primera figura se convierte en la segunda girándola en un ángulo de 45° siguiendo las agujas del reloj luego de haber sido transformada a su forma reflejada).

SB 50: D (seleccione la figura que tiene una forma gemela y gire su cabeza de un lado al otro).

LA CREATIVIDAD

Si el concepto de "inteligencia" como un factor de la personalidad humana es discutido, el concepto de "creatividad" ni siquiera existe. A pesar de que la creatividad tiene, científicamente, un sustento bastante pobre, un gran escándalo se ha ocasionado, sospechosa-mente, a causa de un pequeño cuerpo de trabajos experimentales efectivos. Uno intuye, en estos casos, la influencia oculta de ambientalistas igualitarios, de los Niveladores Educacionales Procusteanos. La creatividad es una de esas ideas compensatorias que flotan en la atmósfera. "Obtuso, es cierto", uno les oye decir, "¡pero tan creativo!".

Trataré de considerar la creatividad apartándome de las consideraciones políticas que la rodean. A partir de la evidencia que me resulta, al menos a mí –por mi experiencia personal– mucho más convincente que a otros, siento que es posible clasificar en grupos a la gente según algún criterio que pueda razonablemente llamarse Creatividad. Algunas personas son más adeptas a combinar y reordenar el material mental produciendo formas originales. La diferencia pareciera hacerse evidente en el campo de la formulación de hipótesis. Si, como yo creo, el proceso de resolución de problemas se trata, generalmente de una cuestión de juicio-error, de ajustar y modificar cuadros conceptuales hasta dar con uno relativamente apto para dicho problema, entonces los "creativos" son aquellos que parecieran ser más prolíficos en la producción de hipótesis. Su habilidad para juzgar las hipótesis y para descartar aquellas que resulten inadecuadas puede, intuitivamente, ser asociada a la pura inteligencia. Sin embargo, este poder real y fructífero de producir una cantidad cabal de teorías capaces de ser testeadas, a pesar de tener algún vínculo con la inteligencia, no está tan íntimamente relacionado con la misma.

Los primeros estudios de creatividad fueron realizados por Guilford y sus asociados en los Estados Unidos por los años 50, y existen muchísimas referencias al trabajo realizado en este campo a lo largo de más de treinta años. Como todos los test psicométricos, los test de creatividad deben ser juzgados con vistas a si estos pueden ser validados estadísticamente. ¿Logran los resultados extraídos a partir de estos test tener coherencia con lo que se entiende como creatividad en el mundo? W. H. Davies, por ejemplo, seleccionó a algunos miembros de MENSA, que según la información de los registros de dicha organización, eran "creativos". Asimismo, seleccionó a algunos individuos que según sus propios registros no lo eran. Corroborando los resultados que ambos grupos obtuvieron en los test de creatividad, estableció una correlación definitiva. Los test de creatividad no son muy aptos para la autoevaluación, de manera que los que siguen son solo a modo de demostración y de divertimento. Aparecerá, tan solo, una indicación aproximada de cuán creativo usted es, y solo si usted es realmente estricto al evaluarse.

Instrucciones para el primer test de creatividad

En cada cuadrado hay líneas impresas; utilícelas como base para realizar, en cada caso, un dibujo original y reconocible. Dibuje claramente pero rápido. No se preocupe por los detalles. Haga este examen primero y luego vea los criterios de evaluación que encontrará en las páginas 171 y 172. No los consulte antes o estará perdiendo su tiempo. Tiene solamente cinco minutos para completar todos los dibujos.

TEST DE CREATIVIDAD (CINCO MINUTOS)

Una vez que haya terminado refiérase a las páginas 171 y 172 para obtener las pautas de calificación.

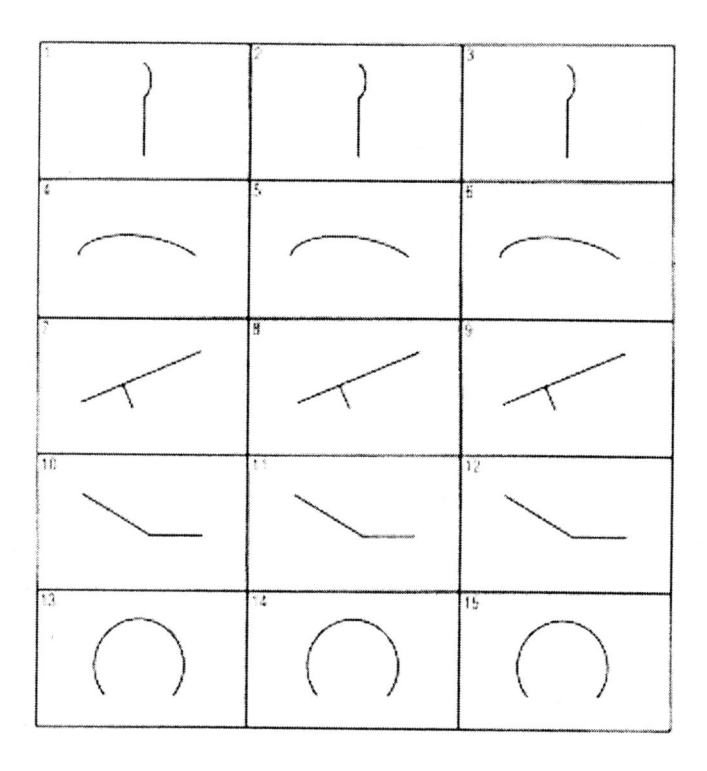

DOS TEST DE PERSONALIDAD

Este es otro tipo de test. No tiene nada que ver con la inteligencia. No hay respuestas correctas o incorrectas.

Realice primero el test y lea las respuestas luego, de otra forma su respuesta puede resultar influenciada por lo que ha leído.

Llamaré a este primer test, **Test de factor de personalidad 1**. Trate de responder rápida y espontáneamente, sin pensar demasiado cada cuestión. Es su reacción emocional lo que se evaluará, y no su proceso de razonamiento; por lo que no se preocupe en resolver posibles dudas o faltas de lógica. Responda impulsivamente y pase rápidamente a la siguiente pregunta.

La solución de las preguntas se encuentra a continuación de las respuestas del test de creatividad que encontrará al final del **Test de factor de personalidad 2**.

FACTOR DE PERSONALIDAD 1

Marque su respuesta con un círculo.

1. ¿Preferiría ser un (A) investigador científico o un (B) miembro del Congreso?   A o B

2. ¿Tiene la impresión de que muchas de las profesiones y ocupaciones reconocidas y aceptadas como honestas hacen (A) mejor o (B) peor al país?   A o B

3. ¿Qué es más importante en una crítica literaria, (A) ser tolerante y alentador o (B) discernir cuidadosamente?   A o B

4. ¿Si pudiera elegir entre ser un (B) recepcionista o (A) tener una oficina propia donde desempeñar un trabajo que le interese, cuál elegiría?   A o B

5. ¿(A) Debería un doctor poner sus sentimientos a un lado al momento de decidir el mejor tratamiento para sus pacientes, o (B) sus sentimientos deberían ser una de sus guías fundamentales a la hora de tomar ese tipo de decisiones?   A o B

6. ¿Encuentra que le resulta (B) fácil o (A) difícil modificar y adaptar su comportamiento y su manera de relacionarse según quien lo acompañe? A o B

7. ¿Durante las vacaciones, qué prefiere: (A) pasar la mayoría del tiempo leyendo y caminado solitariamente o (B) dedicarse a conocer mucha gente? A o B

8. ¿Toleraría ser un ermitaño (A) fácilmente o (B) con gran dificultad? A o B

9. ¿Con qué tipo de persona preferiría casarse: (A) con un compañero atento o (B) con una persona muy sociable? A o B

10. ¿La mayoría de la gente es (B) probablemente o (A) dudosamente digna de confianza? A o B

11. En general, ¿(A) le gusta o (B) le disgusta organizar fiestas? A o B

12. ¿Preferiría ser un (B) corredor de ventas y viajar o (A) ser un administrador en una oficina? A o B

13. ¿Se describiría a usted mismo como quien (B) siempre mira el lado positivo de las cosas o (A) como quien es bastante cauteloso? A o B

14. ¿Preferiría ser (A) un gran servidor civil
o (B) un miembro del gobierno?   A o B

15. Generalmente, ¿(B) disfruta o (A) no las
grandes fiestas ruidosas?   A o B

16. ¿Le resultaría (A) difícil o (B) fácil realizar un discurso en público?   A o B

17. En una producción dramática, ¿en qué rol estaría más cómodo, (A) como asistente de producción o (B) como actor protagonista?   A o B

18. ¿En una conversación es (B) siempre el primero en tener la respuesta apropiada o (A) es bastante reservado a la hora de dar su opinión?   A o B

19. ¿En situaciones nuevas, le resulta (B) fácil o (A) no hacer nuevos amigos?   A o B

20. ¿Cómo se describiría a usted mismo para la mayoría de sus actividades, (B) como alguien siempre lleno de energías o (A) como carente de energías?   A o B

Siga ahora con el próximo test. No mire las respuestas aún.

FACTOR DE PERSONALIDAD 2

Nuevamente, usted debe realizar todo el test y mirar las respuestas solo luego de haberlo concluido. Si quiere espiar, hágalo, pero no se moleste en corroborar si su respuesta es correcta porque es inútil. Una vez más, debe actuar dentro de un cuadro mental decidido y sin miramientos, respondiendo las preguntas rápida y firmemente, pensando cómo se sentiría en dicha situación sin considerarlas lógicamente o dudando entre una u otra posibilidad. Debe completar el test en 10 minutos, sabiendo que este pierde todo sentido si se toma más tiempo para resolverlo.

Marque su respuesta con un círculo.

1. Hasta donde usted sabe, ¿ha usted (A) alguna vez caminado dormido o (B) no?   A o B

2. ¿(A) Alguna vez se ha ausentado del trabajo por enfermedad por un período de tiempo mayor que la mayoría de las personas o (B) no?   A o B

3. ¿(A) Tiene tendencia a confundirse si lo interrumpen mientras trabaja o (B) no?   A o B

4. ¿(A) Le gusta o (B) no realizar un poco de ejercicios cada día?   A o B

5. Recuerde la última vez que quiso aprender algo: ¿(B) se sentía o (A) no seguro de sí mismo?   A o B

6. ¿(A) Se irrita seriamente o (B) no frente a las diarias dificultades?   A o B

7. ¿(A) Se ha sentido alguna vez preocupado durante horas por situaciones que le resultaban humillantes o (B) jamás le ha ocurrido reaccionar así?   A o B

8. ¿La mayoría de la gente lo considera (A) una persona sensible o (B) no?   A o B

9. ¿Generalmente (B) se duerme con facilidad y descansa bien o (A) no?   A o B

10. ¿La gente lo considera (A) tímido o (B) no?   A o B

11. ¿Se siente (A) muy dejado de lado o ignorado si alguien que lo conoce no lo saluda, o (B) no?   A o B

12. ¿(A) Ocasionalmente se siente feliz o triste sin motivos aparentes o (B) no?   A o B

13. ¿(A) Le ocurre a menudo el encontrarse divagando mentalmente cuando debería estar trabajando o (B) no?   A o B

14. ¿(A) Recuerda o (B) no haber tenido pesadillas en los últimos cinco años?   A o B

15. ¿(A) Siente un verdadero temor a las alturas o a los ascensores o a los túneles o a salir a la calle, o (B) no?   A o B

16. ¿(B) Generalmente reacciona con calma en las emergencias o (A) no?   A o B

17. ¿Considera que (A) usted es una persona que reacciona emocionalmente en la mayoría de las situaciones diarias o (B) no?   A o B

18. ¿(A) Se preocupa a menudo por su salud o (B) no?   A o B

19. ¿(A) Recuerda haber, realmente molestado a alguien el año pasado o (B) no?   A o B

20. ¿(A) Transpira mucho sin hacer ejercicios o (B) no?   A o B

21. ¿En los últimos cinco años, (A) recuerda que su mente se haya quedado en blanco mientras realizaba un trabajo o (B) no?   A o B

22. ¿(A) En el último año ha conocido a al menos tres personas que le hayan parecido poco amistosas o (B) no?   A o B

23. ¿(A) Alguna vez se sintió falto de aire sin realizar ejercicios o (B) no?   A o B

24. ¿En general (B) es o (A) no tolerante con las rarezas o extravagancias de los otros?   A o B

25. ¿Existen situaciones diarias en las que usted se siente (A) totalmente seguro de sí mismo o (B) no?   A o B

26. ¿En general, se siente (A) infeliz o (B) no?   A o B

27. ¿(A) Ha sufrido de diarrea, al menos, una vez, en los últimos dos años o (B) no?   A o B

28. ¿Generalmente se siente (B) seguro o (A) inseguro de sí mismo?   A o B

29. ¿(A) Tiene alguna razón para creer que usted no es capaz de resolver las situaciones de la vida con la misma facilidad que lo logran los demás?   A o B

30. ¿Actualmente (A) usa o (B) no aspirinas, codeína, sedantes, píldoras para dormir o algún otro tipo de drogas más de una vez por mes?   A o B

Cuente ahora cuántas As y Bes ha obtenido. Nos referiremos a ellas luego.

INSTRUCCIONES PARA CALIFICAR EL TEST DE CREATIVIDAD

Esta es parte difícil. Por cada dibujo reconocible póngase un punto, teniendo en cuenta que este no sea de la misma categoría que otro dentro de la misma hoja. Por ejemplo, solo un rostro humano está permitido, y el segundo no recibirá un punto a menos que sea un detalle del dibujo y no el tema completo. *Se suman puntos por variedad* (de ideas, de escenas u objetos dibujados) y *se penaliza la repetición de la misma idea.* Si usted es creativo tenderá naturalmente a la variedad, incluso si no ha estudiado.

No hay respuestas *correctas* en los test de creatividad; hay un número infinito de posibles respuestas y estas serán siempre correctas en tanto que sean novedosas, originales y que consideren todos los aspectos del problema planteado. En estos problemas usted debe utilizar la totalidad de los diagramas que le han sido dados. Si alguna parte del diagrama quedara fuera del dibujo, entonces no recibirá punto por el mismo. Es siempre mejor conseguir a algún amigo para que lo califique luego de haber leído estas instrucciones atentamente.

Existe aún mucha polémica con respecto a los test de creatividad y mucha gente los considera test de inteligencia "disfrazados". R. W. Marsh en "Un reanálisis estadístico de los datos de Getzel y Jackson", febrero de 1964, enuncia lo siguiente: "Más que ser casi independiente del factor general de la inteligencia, este factor (la creatividad) es el ingrediente más constante y conspicuo... un test CI es, aún, el mejor criterio individual para calcular el potencial *creativo*. Esto puede mejorarse mediante el uso de otros test". Fue un estudio realizado por Getzel y Jackson lo que dio vida a la evaluación de la creatividad. Getzel y Jackson descubrieron que de cinco colegios evaluados, en cuatro se develó que aquellos que constituían el 20% de creatividad superior eran tan buenos alumnos como aquellos que ostentaban el 20% de inteligencia superior, a pesar de que se encontraban en el fondo del 80% restante. La excitación que generó este estudio, no muy concluyente, fue muy interesante.

Un sistema más detallado y especializado de "calificación" de este test es dado en la sección de NORMAS de este libro, a continuación de las conclusiones sobre la creatividad.

CRITERIOS DE EVALUACIÓN PARA LOS TEST DE PERSONALIDAD FACTOR 1 Y 2

Los primeros cuatro test se relacionan altamente con la inteligencia general. Es obviamente positivo tener una idea sobre esto, pero debemos reconocer que existen, también, otros caminos muy importantes mediante los cuales se puede clasificar la personalidad. Quizás debo, primero, aclarar qué entiendo por "personalidad". Cada uno tiene parámetros de comportamiento, que varían según los estados de ánimo, del temperamento, la risa, el miedo, o el bienestar. Detrás de estos parámetros emocionales podemos detectar parámetros más profundos y set de tendencias más permanentes y constantes que nos permiten clasificar a la gente de distintas formas.

Una vez que la posibilidad de medir elementos tan intangibles como la inteligencia había sido explorada y reconocida como aceptable, los psicometristas comenzaron a investigar otros factores de la personalidad para tratar de descubrir hasta que punto estos podían responder a las mismas formas rigurosas de estadísticas. Un universo entero de expresiones ha surgido para denominar las diferencias humanas de este género. Flemático, cobarde, haragán, testarudo, melancólico; cientos de términos existen. Los psicometristas se vieron enfrentados con una inmensa masa de diferentes variables, todas aparentemente comprensibles y representantes de una diferencia real existente y que (a pesar de la dificultad para definirla) poseen un auténtico valor predictivo.

Con la intención de simplificar la cuestión, que es siempre la función del científico, trabajaron a partir de la asunción de que debía haber una serie relativamente pequeña de parámetros independientes o de dimensiones de diferencias, y que todas las restantes debían derivar de estas últimas. Para confirmar esto desplegaron todo su armamento de técnicas estadísticas, para verificar hasta qué punto estos factores se relacionaban entre sí. Si existía una fuerte relación, entonces era presumible que existiera algún factor común operando por debajo de ellos. Encontraron que podían ser clasificadas en grupos que se interrelacionaban.

El profesor Eysenck opina que, además de la inteligencia, hay dos dimensiones principales que hacen a todas las diferencias. El profesor Raymond B. Cattell, luego de una vida de trabajo, ha llegado a la conclusión de que existen 16 factores relativamente independientes que posibilitan determinar la completa descripción de la personalidad humana. A parte de esto, están también el "Análisis del Temperamento" de Johnson, los trabajos de Guilford y de muchos otros, cada uno de ellos sustentado por las rigurosas estadísticas, pero no mucho más.

No es un ataque válido contra este tipo de test decir que las diferentes formas de clasificar a la gente son igualmente inconsistentes. Cuando la mente humana se centra en un fenómeno, debe primero clasificarlo para poder lidiar con él. Las leyes que emergen dependen de la clasificación original. Cada set de leyes es verdadero dentro de su propio campo o marco de referencias. Eventualmente, los científicos se ponen de acuerdo sobre la forma más efectiva de clasificar un problema y a partir de ahí, la ciencia crece y florece. Pero en la temprana edad de una ciencia, varios métodos de clasificación deben ser ensayados antes de que alguno se revele como el más efectivo y predictivo. La "verdad" de cada uno de ellos es como cualquier verdad epistemológica, esto es, que es parte de la ciencia del conocimiento. Esto significa, simplemente, que las respuestas que obtenemos dependen siempre de las preguntas que nos hagamos. Algunas preguntas resultan riquísimas en cuanto a su respuesta; otras no dejan nunca de ser preguntas tontas que atraen solo respuestas tontas.

Al tratar de calcular sus propias cualidades, la humanidad examina el elemento más complejo que conoce del universo, y no es para sorprenderse el hecho de que la ciencia no haya avanzado tanto este campo como lo ha hecho en otros.

Como ya he mencionado, la correcta utilización y la felicidad de las personas en el mundo desarrollado de hoy depende de la capacidad de "encajarlas" precisamente en los cientos de diferentes roles altamente especializados. Podemos lograr esto mediante los métodos de tiro- acierto o de juicio-error, si así lo decidimos, pero es mucho más sabio no renegar de los descubrimientos de la ciencia de la psicometría; ya que estos pueden ayudarnos a realizar este trabajo de forma mucho más inteligente, sana y sobre todo, menos prejuiciosa.

En esta parte del libro he seleccionado solo dos parámetros ejemplificadores de la medición de la personalidad. Ambos son independientes de la inteligencia. Los dos factores considerados son el factor de introversión-extroversión (factor de personalidad 1) y la estabilidad emocional (factor de personalidad 2).

Factor de personalidad 1 (extrovertidos e introvertidos)

La extroversión y la introversión representan los extremos y la mayoría de la gente se encuentra en algún punto intermedio entre ambos. La gente cambia de tanto en tanto, y es más o menos extrovertida según la situación. Pero tienden, generalmente, a actuar de la misma manera, con, a largo plazo, una ligera tendencia a la extroversión.

El extrovertido es una persona amistosa, sociable, desinhibida. Disfruta de la compañía, se siente cómodo en grandes círculos de personas, tiende a formar, cada vez, un número mayor de relaciones relativamente superfluas. Seguro de sí mismo, confiado y amistoso, podemos representar a este tipo como un amistoso viajante de comercio, alborotado, hablador, quien se encuentra cómodo tanto en su casa, como en un bar o en un club. El introvertido extremo puede ser más bien un profesor, o un contador, alguien que pasa mucho más tiempo en su casa o caminando largas horas en soledad, sin más compañía que su pipa, un bastón y un perro. Los introvertidos tienden a formar uno o dos vínculos muy profundos, disfrutan de la lectura, el ajedrez y la reflexión. Es el tipo de gente que tiende a conservarse para ellos mismos y desaprueban ligeramente a sus vecinos por "pasárselas yendo de una casa a la otra". Ninguno de estos dos tipos de personalidad es ni bueno ni malo, aunque es seguramente mejor algo un poco más intermedio. Aquellos que son extremamente extrovertidos, tienen mayor tendencia a la criminalidad, según Eysenck, si además son inestables emocionalmente; aunque por hay, por supuesto, gente totalmente honesta y respetable con puntajes de extroversión altísimos y de estabilidad emocional muy bajos. Nuevamente, hablo de tendencias y no relaciones invariables.

Cuantas más As haya obtenido, más introvertido es usted: 15 o más lo harán definitivamente introvertido, y 20 muchísimo más. 15 Bes lo hacen extrovertido y 20 un gran extrovertido como yo (y mucha buena suerte para usted también).

Factor de personalidad 2 (estabilidad emocional)

Este test ha sido llamado el test del neurotismo, pero puede ser llamado, con mucho más tacto, el test de la estabilidad contra la sensibilidad emocional. Las respuestas que usted dé, determinan si usted es emocionalmente sensible o imperturbable. Aquellos con algo así como 20 Bes son completamente impenetrables emocionalmente, gente que nunca parece perturbada, es estable, equilibrada, y que probablemente transita la vida sin los altos y bajos propios de la gente sensible. Si ha obtenido alrededor de 20 As, es usted sensible y muy sugestionable, y probablemente sienta las asperezas de la vida mucho más intensamente que otros, necesitando mucho descanso y el tipo de trabajo, amistades y hobbies que le permitan armarse un trasfondo estable donde poder desenvolverse. Por otro lado, aquellos con más de 22 Bes deberían preguntarse si no son demasiado flemáticos y tratar de reorganizar su vida para alentar algo de placidez e, incluso, relajar esa necesidad suya de impresionar siempre.

El profesor Eysenck demuestra cómo estos dos factores dan cuenta, de manera impecable, de todo el amplio rango de caracteres humanos considerados por Aristóteles. El colérico es extrovertido e inestable, el melancólico es introvertido e inestable, el flemático es introvertido y estable, mientras que el sanguíneo es extrovertido y estable.

CONCLUSIONES SOBRE LA CREATIVIDAD

Ahora que ha concluido esta parte del libro, ya puede clasificarse a usted mismo como "débil- melancólico, brillante- flemático, aburrido- sanguíneo, luminoso- colérico" o lo que fuera, pero sea lo que sea, usted sabrá algo más sobre usted mismo y será capaz de ajustar mejor su comportamiento en su relación con todos esos introvertidos impenetrables, extrovertidos indiferentes y genios melancólicos que lo rodean. Y aunque ni siquiera haya logrado esto, espero, al menos, tenga ahora alguna idea sobre la evaluación de la inteligencia y de la personalidad y de por qué hoy se le da más importancia que antaño. Quizás aún no podamos vanagloriarnos mucho por ella. Es una ciencia en su primera infancia, la necesidad que de ella hay no se comprende plenamente aún. No se destinan muchos fondos a su investigación y los progresos realizados no siempre son los adecuados.

A veces reflexiono sobre el proceso de educación. Sometemos a nuestros hijos, desde que nacen, a una frenética carrera educacional, que los mantiene ocupados a lo largo de toda su infancia y gran parte de su juventud (a menudo, me temo, en pos de una competencia feroz por calificaciones académicas, que poco tienen que ver con el real proceso educativo). ¿Es esta realmente la mejor manera? ¿Están en lo cierto los psicometristas cuando dicen que se puede saber mucho sobre este proceso, aun antes de que comience, y así darle a cada niño el entrenamiento educativo y emocional más apropiado para cada uno y para la sociedad como un todo? Carecemos de la información necesaria como para afirmar esto, todavía, pero creo que no debe existir tema de discusión de mayor relevancia. Y, a pesar de ello, el dinero disponible para este tipo de investigaciones psicológicas es lamentablemente poco. Si existe una ciencia más importante que aquella que permite juzgar y utilizar al hombre de manera más justa, honesta y en concordancia con su potencial, yo no la conozco. Pero considerando la distribución de gastos de los Estados Unidos, nada es más importante que la obtención de aeronaves más veloces; de manera tal que el contenido humano de este país deberá, en el futuro como en el pasado, clasificarse a sí mismo mediante el degastado método de clases sociales, privilegios, discriminaciones raciales, influencias, redes de calificaciones académicas y otros tantos métodos tradicionales igualmente ineficientes e injustos.

"¿Deben nuestros hijos ser "condenados" desde pequeños?" "Todos deben tener las mismas posibilidades". Estas son las reacciones que obtendré con esta afirmación, pero mi triste pero inevitable respuesta es que *no todos tenemos las mismas posibilidades* de ser profesores, bailarines, o campeones mundiales de atletismo, entonces, ¿por qué debemos permitir que tantos jóvenes se rompan la cabeza tratando de alcanzar algo que nunca obtendrán, cuando tenemos o podríamos tener en nuestras manos los medios para hacerles conocer de antemano cuáles son sus posibilidades?

No sería necesario "condenar" a todos a los niveles académicos más bajos, si están realmente determinados a obtener los más altos. El sistema debería ser permeable. Deberían dejarse puertas abiertas para quienes deseen desafiar los diagnósticos. Pero la mayoría de la gente preferirá saber cuáles son sus posibilidades antes de comenzar, y el argumento de no querer saber y de preferir descubrirlo por el camino más duro, es demasiado débil. No es una negación de la libertad humana el darle a la gente la información sobre la cual tomar sus propias decisiones. Es una negación de la libertad humana negarle a la gente el conocimiento que puede guiarlos a las decisiones correctas en su búsqueda de felicidad, adaptación y posición para el mejor servicio de la humanidad, de acuerdo con las cualidades particulares con las que han nacido o que se han visto inclinados a desarrollar. "Para cada uno de acuerdo con sus necesidades, de cada uno de acuerdo con sus habilidades." El segundo es tan importante como el primero. No me interesan los derechos y los privilegios que otorga la inteligencia. Ellos pueden cuidarse por sí mismos, me preocupan los deberes, las responsabilidades y las contribuciones de la gente en un mundo cada vez más necesitado de gente inteligente a medida que evoluciona.

NORMAS

Test Verbal A		Test Verbal B	
Puntos	Coeficientes	Puntos	Coeficientes
0-5	85-95	0-5	85-95
6-12	96-105	6-10	96-105
13-18	106-112	11-15	106-112
19-25	113-118	16-20	113-118
26-30	119-122	21-25	119-122
31-35	123-128	26-30	123-128
36-40	129-131	31-35	129-131
41-45	132-137	36-38	132-137
46-49	138-140+	39-45	138-140+

Un puntaje de aproximadamente 40 en estos test puede indicar que la persona tiene buenas chances de obtener la membrecía de **MENSA** luego de algunas evaluaciones posteriores.

Test Numérico A		Test Numérico B	
Puntos	Coeficientes	Puntos	Coeficientes
0-5	85-92	0-5	85-97
6-10	93-97	6-10	98-102
11-15	98-102	11-15	103-107
16-20	103-107	16-20	108-112
21-25	108-112	21-25	113-117
26-30	113-117	26-30	118-122
31-35	118-122	31-35	123-127
36-40	123-127	36-40	128-132
41-45	128-132	41-45	133-137
46-50	133-137+	46-50	38-140+

Test Espaciales A y B	
Puntos	Coeficientes
0-5	85-95
6-10	96-105
11-15	106-110
16-20	111-114
21-25	115-119
26-30	120-124
31-35	125-129
36-40	130-134
41-45	135-138
46-50	139-140+

COMPARACIONES ODIOSAS: CÓMO INTERPRETAR SU PUNTAJE

El test de inteligencia consiste en una batería de tres test. Estos evalúan diferentes habilidades, que son la guía para la habilidad general y los factores que estamos intentando calcular.
Por cada respuesta correcta, usted obtiene un punto. No se penalizan las respuestas incorrectas.
El número de puntos obtenidos se denomina "resultado bruto". De este "resultado bruto" podemos deducir el "coeficiente".
El Coeficiente Intelectual o de Inteligencia, CI, es una confusa expresión técnica que no debió jamás volverse popular. Estrictamente se refiere a los niños y solo por extrapolación se ha extendido a los adultos. Es la edad mental multiplicada por 100, dividida por la edad real. Si un niño de 10 años se desempeña tan bien como un joven de 15 entonces, su CI será:

15 x 100 / 10= 150.
El promedio de coeficiente es (naturalmente) 100.

Desafortunadamente, algunos psicólogos obtienen diferentes resultados basándose en el método primitivo de Binet, donde el puntaje de cada CI depende de los diferentes aspectos de cada test particular dependiendo de las desviaciones estándar que se apliquen.

Es preferible juzgar los test de CI mediante el rating percentil. Su rating percentil es el porcentaje de la población general (sobre la cual se estandarizó el test) que su desempeño al realizar el test, iguala o supera. Si usted obtuvo 40 puntos en el Test Verbal A, su CI es 131 y cae en el puesto 98 del percentil, es decir que usted obtendrá igual o mejor resultado que el 98% de la gente en general.

Los puntajes de los test verbales tienen una carga "G" mayor, y eso se representa multiplicando el resultado por 3. Sume los coeficientes totales de los cuatro Test Numéricos y Espaciales más tres veces el coeficiente obtenido en los dos Test Verbales y divida el resultado por 10. Obtendrá así su CI estimado.

ASÍ PUEDE DEDUCIR SU CI A PARTIR DE SU PUNTAJE

Test	Puntaje	Coeficiente
Numérico A Numérico B Espacial A Espacial B		TOTAL
Verbal A Verbal B		TOTAL
Multiplique el Total de los Test Verbales por 3 = Sume el Total de los Test Numéricos y Espaciales =		TOTAL
CI = TOTAL FINAL / 10 =		SU CI

SU CREATIVIDAD, JUZGADA POR SUS RESULTADOS EN EL TEST DE CREATIVIDAD DE 5 MINUTOS

Número de dibujos completos, originales y que no estén repetidos:

1	**NO CREATIVO**
2	
3	
4	
5	
6	
7/8	**PROMEDIO**
9	
10	
11	
12	
13	
14	
15	**MUY CREATIVO**

SU NIVEL DE INTROVERSIÓN / EXTROVERSIÓN, JUZGADO POR SUS RESULTADOS EN EL TEST DE FACTOR DE PERSONALIDAD 1

N° de As	Carácter
20	EXTREMADAMENTE INTROVERTIDO
19	MUY INTROVERTIDO
18	BASTANTE INTROVERTIDO
17/16	ALGO INTROVERTIDO
15/14	LIGERAMENTE INTROVERTIDO
13/12	APENAS INTROVERTIDO
11/10/9	PROMEDIO
8/7	APENAS EXTROVERTIDO
6/5	LIGERAMENTE EXTROVERTIDO
4/3	ALGO EXTROVERTIDO
2	BASTANTE EXTROVERTIDO
1	MUY EXTROVERTIDO
0	EXTREMADAMENTE EXTROVERTIDO

SU ESTABILIDAD EMOCIONAL, JUZGADA POR SUS RESULTADOS EN EL TEST DE FACTOR DE PERSONALIDAD 2

N° de Bes	Carácter
29/30	INCONMOVIBLE
28/27	IMPERTURBABLE
26/25	IMBATIBLE
24/23	CALMO
22/21	EQUILIBRADO
20/19/18	ESTABLE
17/16/15/14	PROMEDIO
13/12/11	COMPASIVO
10/9	SUGESTIONABLE
8/7	EMOCIONABLE
6/5	SENSIBLE
4/3	HIPERSENSIBLE
2/1	NERVIOSO
0	NEURÓTICO

¿Cómo le fue? ¡Lo *hizo*!
¡Hasta pronto a usted, sujeto inteligente, creativo, ambivalente! Si usted es, encima, buenmozo, encantador y emprendedor, cómo habrán de envidiarlo...

Esta edición
de 2000 ejemplares
se terminó de imprimir en
A.B.R.N. Producciones Gráficas S.R.L.,
Wenceslao Villafañe 468,
Buenos Aires, Argentina,
en junio de 2004.